KAC 한국
공항공사

직업기초능력평가

실력평가 모의고사 3회분

KAC한국공항공사 직업기초능력평가

실력평가 모의고사 3회분

초판 인쇄 2023년 10월 6일
초판 발행 2023년 10월 10일

편 저 자 | 취업적성연구소
발 행 처 | ㈜서원각
등록번호 | 1999-1A-107호
주   소 | 경기도 고양시 일산서구 덕산로 88-45(가좌동)
교재주문 | 031-923-2051
팩   스 | 031-923-3815
교재문의 | 카카오톡 플러스 친구[서원각]
홈페이지 | goseowon.com

우리나라 기업들은 1960년대 이후 현재까지 비약적인 발전을 이루었다. 이렇게 급속한 성장을 이룰 수 있었던 배경에는 우리나라 국민들의 근면성 및 도전정신이 있었다. 그러나 빠르게 변화하는 세계 경제의 환경에 적응하기 위해서는 근면성과 도전정신 이외에 또 다른 성장 요인이 필요하다.

최근 많은 공사·공단에서는 기존의 직무 관련성에 대한 고려 없이 인·적성, 지식 중심으로 치러지던 필기전형을 탈피하고, 산업현장에서 직무를 수행하기 위해 요구되는 능력을 산업부문별·수준별로 체계화 및 표준화한 NCS를 기반으로 하여 채용공고 단계에서 제시되는 '직무 설명자료'에서 제시되는 직업기초능력과 직무수행능력을 측정하기 위한 직업기초능력평가, 직무수행능력평가 등을 도입하고 있다.

한국공항공사에서도 업무에 필요한 역량 및 책임감과 적응력 등을 구비한 인재를 선발하기 위하여 고유의 필기시험을 치르고 있다. 본서는 한국공항공사 신입사원 채용대비를 위한 필독서로 한국공항공사 필기시험의 출제경향을 철저히 분석하여 응시자들이 보다 쉽게 시험유형을 파악하고 효율적으로 대비할 수 있도록 구성하였다.

합격을 향해 고군분투하는 당신에게 힘이 되는 교재가 되기를 바라며,
달려가는 그 길을 서원각이 진심으로 응원합니다.

4. ①

철도 차량 소재의 변천 과정을 ...
언급하는 (다) 단락이 가장 처음에 ...
로 대체 사용되기도 하였으며, 이러 ...
드형 소재의 출현으로 부위별 다양 ...
라서 이러한 소재의 변천 과정을 ...

●
제 01 회 | **실력평가 모의고사**

1 다음 글의 중심 내용으로 가장 적절한 것을 고르시오.

1 다음 글의 중심 내용으로 가장 적절한 ...

한 번에 두 가지 이상의 일을 할 때 ...
분야에서 좋은 성과를 내는 데 필수적인 ...
열되는 상황에 처하도록 하는 경우도 많습 ...
들을 안고 멍멍거리도록, 강박이나 충동에 ...
동시에 먹을 때 마음의 일부는 읽는 데 가 ...
서도 최상의 것을 얻지 못합니다. 다음과 ...
앉아 있을 때는 앉아 있어라, 갈팡질팡 ...
가치가 있는 것이어야 합니다. 단지 ...
한 가치가 있는지 자문하세요. 어떠 ...
명심하세요.

●
제 01 회 | **정답 및 해설**

1	③	2	④	3	④	4	①	5	③	6	④	7
11	④	12	③	13	①	14	①	15	④	16	④	17
21	①	22	③	23	④	24	④	25	③	26	②	27	③	28
31	④	32	①	33	①	34	①	35	③	36	④	37	②	38	②	39	③	40	③

1. ③

한 지문에서 한 번에 두 가지 이상의 일을 하는 것은 마음에게 흩어지라고 지시하는 것이라고 언급한다. 또 한 글의 후반부에서 당신이 하는 모든 일은 당신의 온전한 주의를 받을 가치가 있는 것이어야 한다고 강조한 다. 따라서 이 글의 중심 내용은 ③이 적절하다.

2. ④

몇 개 국가의 남녀평등 문화와 근로정책에 대하여 간략하게 기술하고 있으며, 노르웨이와 일본의 경우에는 법률 을 구체적으로 언급하고 있기 있다. 또한 단순한 근로정책 소개가 아닌, 남녀평등에 관한 내용을 일관되게 소개 하고 있으므로 전체를 포함하는 논지는 남녀평등과 그에 따른 근로정책에 관한 것이라고 볼 수 있다.

3. ④

(나) 자연 과학의 경험적 방법에는 세 가지 차원이 있다고 전제하고, (다) 가장 초보적인 차원(일상경험) → (가) 이보 다 발달된 차원(관찰) → (마) 가장 발달된 차원(실험)으로 설명이 전개되고 있다.

실력평가 모의고사

실제 시험과 동일한 유형의 모의고사를 3회분 수록하여 충분한 문제풀이를 통한 효과적인 학습이 가능하도록 하였습니다.

정답 및 해설

정·오답에 대한 명쾌한 해설을 깔끔하 게 담아 효율적이고 확실한 학습이 가능 하도록 하였습니다.

1

실력평가 모의고사

2

정답 및 해설

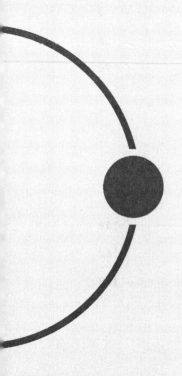

PART

01

실력평가 모의고사

1 〈보기〉는 아래 기사문을 읽고 나눈 직원들의 대화이다. 대화의 흐름상 빈 칸에 들어갈 말로 가장 적절한 것은?

영양과 칼로리 면에서 적절한 식량 공급보다 인간의 건강과 복지에 더 중요한 것은 없다. 지난 50년 동안 세계 인구의 상당 부분이 영양실조를 겪었지만 식량 확보에 실패한 것은 생산보다는 분배의 문제였다. 실제로 지난 50년 동안 우리는 주요 작물의 잉여를 경험했다. 이로 인해 많은 사람들이 식량 부족에 대해 걱정하지 않게 되었다. 2010년대에 생산된 수백만 톤의 가장 중요한 주요 식량은 옥수수(1,018Mt), 논 쌀(746Mt), 밀(713Mt), 대두(276Mt)였다. 이 네 가지 작물은 전 세계적으로 소비되는 칼로리의 약 2/3를 차지한다. 더욱이, 이들 작물 각각에 대한 토지 단위 면적당 평균 수확량은 1960년 이후 두 배 이상 증가했다. 그렇다면 지금 왜 식량 안보에 대해 걱정해야 할까? 한 가지 이유는 주요 작물의 이러한 전 세계적인 잉여물로 인해 식물 과학 연구 및 작물 개선에 대한 관심이 점진적으로 줄어들었기 때문이다. 이는 세계적인 수준으로 나타났다. 그러나 이러한 무관심은 현재의 세계 인구 및 식량 소비 경향에 직면하여 근시안적이다. 전 세계 인구는 오늘날 70억 명에서 2050년 95억 명까지 증가할 것으로 예상된다. 인구가 증가하는 곳은 주로 도시가 될 것이고, 식단이 구황 작물에서 가공 식품으로 점차 바뀌게 될 것이다. 그러면 많은 육류 및 유제품이 필요하고 그보다 더 많은 사료가 필요하다. 예를 들어 1kg의 소를 생산하기 위해서는 10kg의 사료가 필요하다. 도시 인구의 증가는 동물성 식품에 대한 수요 증가를 가져오고 예상되는 인구 증가에만 기초하여 추정된 것보다 훨씬 빠른 작물 생산량의 증가를 요구할 것이다. 이 추세는 계속될 것으로 예상되며, 세계는 2010년대 대비 2050년까지 85% 더 많은 기본 식료품이 필요할 것으로 예측된다.

〈보기〉

A : 식량 문제가 정말 큰일이군. 이러다가 대대적인 식량난에 직면하게 될 지도 모르겠다.
B : 현재의 기술로 농작물 수확량을 증가시키면 큰 문제는 없지 않을까?
A : 문제는 (   )
B : 그래서 생산보다 분배가 더 문제라는 거구나.

① 과학기술이 수요량을 따라가지 못할 거라는 점이야.

② 인구의 증가가 너무 빠른 속도로 진행되고 있다는 사실이야.

③ 지구의 일부 지역에서는 농작물 수확량 향상 속도가 정체될 거라는 사실이지.

④ 지구의 모든 지역에서 식량 소비 속도가 동일하지는 않다는 점이지.

⑤ 동물성 식품을 위한 사료의 수요량 증가가 감당할 수 없을 정도로 빠르다는 점이야.

2 다음 문서의 내용을 참고할 때, 문서의 제목으로 가장 적절한 것은?

□ 워크숍 개요
  ○ (일시/장소) 2022.12.8.(월), 17 : 00 ~ 19 : 00 / CS룸(1217호)
  ○ (참석자) 인사기획실, 대변인실, 의정관실, 관리부서 과장 및 직원 약 25명
  ○ (주요내용) 혁신 방안 및 자긍심 제고 방안 발표 및 토론

□ 주요 내용
  〈발표 내용〉
  ○ 인사혁신 방안(역량과 성과중심, 예측 가능한 열린 인사)
  ○ 조직혁신 방안(일하는 방식 개선 및 조직구조 재설계)
  ○ 내부 소통 활성화 방안(학습동아리, 설문조사, 사장님께 바란다 등)
  ○ 활력 및 자긍심 제고 방안(상징물품 개선, 휴게실 확충 등)

  〈토론 내용〉
  ○ (의미) 신설된 부처라는 관점에서 새로운 업무방식에 대한 고민 필요
  ○ (일하는 방식) 가족 사랑의 날 준수, 휴가비 공제제도 재검토, 불필요한 회의체 감축 등
  ○ (내부소통) 임원들의 더 많은 관심 필요, 학습동아리 지원
  ○ (조직문화) 혁신을 성공케 하는 밑거름으로서 조직문화 개선, 출근하고 싶은 조직 만들기, 직원 사기 진작 방안 모색
  ○ (기타) 정책연구 용역 활성화, 태블릿 PC제공 등

① 조직 혁신 워크숍 개최 계획서
② 임직원 간담회 일정 보고서
③ 정책 구상회의 개최 계획서
④ 가정의 날 행사 계획 보고서
⑤ 조직 혁신 워크숍 개최 결과 보고서

3 다음은 B공사의 인권경영헌장이다. 다음 헌장의 내용을 참고할 때, 밑줄 친 (가)~(마) 중 적절하게 기재되지 않은 것은?

인권경영헌장

우리는 '더 좋은 세상'이라는 기업이념과 국민생활의 편익증진 및 복리향상이라는 사명을 달성하기 위해 노력하며, '차별 없는 공정한 사회구현'과 '사람을 먼저 생각하는 인권경영'을 지향한다.

이를 위해 우리는 모든 경영활동 과정에서 인간의 존엄과 가치 향상을 위하여 임직원이 준수해야 할 올바른 행동과 가치판단의 기준으로서 인권경영헌장을 다음과 같이 선언하고 그 실천을 다짐한다.

하나, 우리는 인권, 노동, 환경, 반부패 등의 가치를 지지하는 국제기준 및 규범을 존중하고 지지한다.

하나, (가) 우리는 임직원을 포함한 모든 이해관계자에 대하여 인종, 종교, 장애, 성별, 출생지, 정치적 견해 등을 이유로 차별하지 않는다.

하나, 우리는 직원의 권익보호를 위해 결사 및 단체교섭의 자유를 보장한다.

하나, (나) 우리는 어떠한 형태의 강제노동과 아동노동을 허용하지 않는다.

하나, (다) 우리는 안전하고 위생적인 작업환경을 조성하여 산업안전 및 보건을 증진한다.

하나, 우리는 협력회사와의 상생발전을 위해 노력하며, 인권경영을 실천하도록 지원하고 협력한다.

하나, (라) 우리는 기후변화 리스크에 능동적으로 대응하기 위해 에너지 절감 노력에 앞장선다.

하나, 우리는 사업 활동 영위 지역에서 현지주민의 인권을 존중하고 보호한다.

하나, (마) 우리는 사업 실행에 있어서 국민의 안전에 위해가 되지 않도록 노력하며다짐한다. 업무상 수집한 개인정보를 보호한다.

우리는 임직원을 비롯한 모든 이해관계자의 인권을 보호하기 위해 노력하며, 인권경영의 정착과 확산을 위해 최선을 다할 것을

B공사 임직원 일동

① (가) ② (나)

③ (다) ④ (라)

⑤ (마)

4 다음 글의 빈 칸에 들어갈 가장 알맞은 말은?

은행은 불특정 다수로부터 예금을 받아 자금 수요자를 대상으로 정보생산과 모니터링을 하며 이를 바탕으로 대출을 해주는 고유의 자금중개기능을 수행한다. 이 고유 기능을 통하여 은행은 어느 나라에서나 경제적 활동과 성장을 위한 금융지원에 있어서 중심적인 역할을 담당하고 있다. 특히 글로벌 금융위기를 겪으면서 주요 선진국을 중심으로 직접금융이나 그림자 금융의 취약성이 드러남에 따라 은행이 정보생산 활동에 의하여 비대칭정보 문제를 완화하고 리스크를 흡수하거나 분산시키며 금융부문에 대한 충격을 완화하는 역할에 대한 관심이 크게 높아졌다. 또한 국내외 금융시장에서 비은행 금융회사의 업무 비중이 늘어나는 추세를 보이고 있음에도 불구하고 은행은 여전히 금융시스템에서 가장 중요한 기능을 담당하고 있는 것으로 인식되고 있으며, 은행의 자금중개기능을 통한 유동성 공급의 중요성이 부각되고 있다.

한편 은행이 외부 충격을 견뎌 내고 금융시스템의 안정 유지에 기여하면서 금융중개라는 핵심 기능을 원활히 수행하기 위해서는 (   ) 뒷받침되어야 한다. 그렇지 않으면 은행의 건전성에 대한 고객의 신뢰가 떨어져 수신기반이 취약해지고, 은행이 '고위험-고수익'을 추구하려는 유인을 갖게 되어 개별 은행 및 금융산업 전체의 리스크가 높아지며, 은행의 자금중개기능이 약화되는 등 여러 가지 부작용이 초래되기 때문이다. 결론적으로 은행이 수익성 악화로 부실해지면 금융시스템의 안정성이 저해되고 금융중개 활동이 위축되어 실물경제가 타격을 받을 수 있으므로 은행이 적정한 수익성을 유지하는 것은 개별 은행과 금융시스템은 물론 한 나라의 전체 경제 차원에서도 중요한 과제라고 할 수 있다. 이러한 관점에서 은행의 수익성은 학계는 물론 은행 경영층, 금융시장 참가자, 금융정책 및 감독 당국, 중앙은행 등의 주요 관심대상이 되는 것이다.

① 외부 충격으로부터 보호받을 수 있는 제도적 장치가
② 비은행 금융회사에 대한 엄격한 규제와 은행의 건전성이
③ 유동성 문제의 해결과 함께 건전성이
④ 제도 개선과 함께 수익성이
⑤ 건전성과 아울러 적정 수준의 수익성이

5 다음 글을 순서대로 바르게 나열한 것은?

> 유명인 모델의 광고 효과를 높이기 위해서는 유명인이 자신과 잘 어울리는 한 상품의 광고에만 지속적으로 나오는 것이 좋다.
>
> ㈎ 여러 광고에 중복 출연하는 유명인이 많아질수록 외견상으로는 중복 출연이 광고 매출을 증대시켜 광고 산업이 활성화되는 것으로 보일 수 있다.
>
> ㈏ 유명인을 비롯한 광고 모델의 적절한 선정이 요구되는 이유가 여기에 있다.
>
> ㈐ 하지만 모델의 중복 출연으로 광고 효과가 제대로 나타나지 않으면 광고비가 과다 지출되어 결국 광고주와 소비자의 경제적인 부담으로 이어진다.
>
> ㈑ 이렇게 할 경우 상품의 인지도가 높아지고, 상품을 기억하기 쉬워지며, 광고 메시지에 대한 신뢰도가 제고된다.
>
> ㈒ 유명인의 유명세가 상품에 전이되고 소비자가 유명인이 진실하다고 믿게 되기 때문이다.

① ㈎㈏㈑㈐㈒

② ㈎㈒㈑㈏㈐

③ ㈑㈎㈒㈏㈐

④ ㈑㈒㈎㈐㈏

⑤ ㈒㈑㈐㈏㈎

6 다음 글의 '임사홍'의 행위와 가장 가까운 것은?

> 누구를 막론하고 아무리 지혜가 모자라는 사람이라도 시를 짓고 활을 쏘는 일이 바로 성인의 도리에서 나온다는 것쯤이야 모를 리가 있겠습니까마는, 이것을 중지하고 술을 금하자고 한 것은 간쟁하는 신하들의 지성에서 우러나온 말이었습니다. 그러나 임사홍은 옳은 것을 방해하고 그른 것을 옳은 것처럼 꾸며 남을 억누르고 자신을 드러내려고 하였으니, 이것이 바로 소인배들의 실체입니다.
>
> 아무리 훌륭하고 옳은 의견으로써 나라에 유익한 정론(正論)을 펴더라도 자신의 입에서 나오지 않고 다른 사람이 먼저 발표하면 반드시 그것을 배척하여 시행되지 못하게 합니다. 그것은 나라의 권력을 자기 손아귀에 잡아 쥐고 간행하는 사람들을 제압하여 임금으로 하여금 자신의 잘못과 간특함을 듣지 못하게 하려는 소행입니다. 그러나 많은 사람이 그의 비행을 주시하고 손가락질하니 그의 악한 실상이 감추어질 수가 없습니다.
>
> 그러니 전하께서는 임사홍의 행적을 살펴보소서. 그가 충성스러운 사람인 간사한 사람인지 군자인지 소인배인지를 말입니다. 전하께서는 품성이 총명하시니 반드시 그에 대해여 가까이하여야 될지 멀리하여야 될지, 아니면 그를 내쳐야 할지 말아야 할지를 판단하실 것입니다.
>
> 신이 안타까워하는 점은 임사홍이 하루 동안 조정에 있으면 전하께서는 하루만큼 위험하시고, 이틀 조정에 있으면 이틀만큼 더 위태롭다는 것입니다. 나라의 우환이 조정안에 있고 나라가 망하려는 조짐이 가까운 장래에 있습니다. 지금의 기회를 놓치고 그를 제거하지 못하면 뒷날 반드시 후회하실 것입니다. 신은 시종신(侍從臣 : 임금을 곁에서 모시는 신하)으로 있으면서 상방 참마검(칼이름)을 빌려다가 영신 임사홍의 머리를 베어 버리고 싶으나, 옛날 주운(朱雲)의 고사에 따르지 못함을 매우 한스럽게 생각합니다.

① 유유상종(類類相從)

② 지록위마(指鹿爲馬)

③ 금상첨화(錦上添花)

④ 마이동풍(馬耳東風)

⑤ 와신상담(臥薪嘗膽)

7 다음 글의 밑줄 친 부분에 담겨 있는 의미로 적절하지 못한 것은?

> 사회 속에 살고 있는 각 개인들은 추구하는 목적이나 이해관계가 서로 일치하는 경우도 있으나 서로 상충하기도 한다. 사람들 사이에 목적이나 이해관계가 다를 경우에는 대립과 투쟁이 생겨나게 된다. <u>공동의 목적이나 이익을 추구하기 위해서 우리가 사회를 이루고 사는 것이라면 서로 상충하는 목적이나 이해관계는 조정되어야 하며 이러한 조정의 원리로서 우리는 사회 규범이나 공공 규칙을 갖게 된다.</u> 외딴 섬에서 홀로 사는 로빈슨 크루소와 같은 사람에게는 규칙이 필요 없을 것이다. 또한 동물의 세계에는 오로지 약육강식의 냉혹한 법칙만이 있을 것이다. 다행스럽게도 우리 인간은 사회생활을 하면서 자신의 안정과 이익을 보장하기 위해, 협의에 의해 규칙을 만들고 이를 스스로 지키는 슬기로운 이성을 지니고 있다.

① 사회생활을 하다가 보면 이해관계가 상충하기도 한다.
② 인간은 사회를 이루어 공동의 목적이나 이익을 추구한다.
③ 사회가 이루어지면 상충하는 이해관계는 저절로 조정된다.
④ 공동의 목적을 저해하면 사회 규범의 제재를 받을 수 있다.
⑤ 사회 규범이나 공공 규칙에 의해 이해관계를 조정할 수 있다.

8 다음은 □□기관 A 사원이 작성한 '도농(都農)교류 활성화 방안'이라는 보고서의 개요이다. 본론Ⅰ을 바탕으로 구성한 본론Ⅱ의 항목들로 적절하지 않은 것은?

A. 서론
 1. 도시와 농촌의 현재 상황과 미래 전망
 2. 생산적이고 쾌적한 농촌 만들기를 위한 도농교류의 필요성

B. 본론Ⅰ : 현재 실시되고 있는 도농교류제도의 문제점
 1. 행정적 차원
   1) 소규모의 일회성 사업 난립
   2) 지속적이고 안정적인 예산 확보 미비
   3) □□기관 내 일원화된 추진체계 미흡
 2. 소통적 차원
   1) 도시민들의 농촌에 대한 부정적 인식
   2) 농민들의 시장상황에 대한 정보 부족

C. 본론Ⅱ : 도농교류 활성화를 위한 추진과제

D. 결론

---

① 지역별 브랜드화 전략을 통한 농촌 이미지 제고
② 도농교류사업 추진 건수에 따른 예산 배정
③ 1사1촌(1社1村) 운동과 같은 교류 프로그램 활성화
④ 도농교류 책임기관으로서 □□기관 산하에 도농교류센터 신설
⑤ 농촌 기초지자체와 대도시 자치구의 연계사업을 위한 장기적 지원금 확보

■9~10■ 다음 글을 읽고 물음에 답하시오.

○○국의 항공기 식별코드는 '(현재상태부호)(특수임무부호)(기본임무부호)(항공기종류부호) - (설계번호)(개량형부호)'와 같이 최대 6개 부분(앞부분 4개, 뒷부분 2개)으로 구성된다.

항공기종류부호는 특수 항공기에만 붙이는 부호로, G는 글라이더, H는 헬리콥터, Q는 무인항공기, S는 우주선, V는 수직단거리이착륙기에 붙인다. 항공기종류부호가 생략된 항공기는 일반 비행기이다.

모든 항공기 식별코드는 기본임무부호나 특수임무부호 중 적어도 하나를 꼭 포함하고 있다. 기본임무부호는 항공기가 기본적으로 수행하는 임무를 나타내는 부호이다. A는 지상공격기, B는 폭격기, C는 수송기, E는 전자전기, F는 전투기, K는 공중급유기, L은 레이저탑재항공기, O는 관측기, P는 해상초계기, R은 정찰기, T는 훈련기, U는 다목적기에 붙인다.

특수임무부호는 항공기가 개량을 거쳐 기본임무와 다른 임무를 수행할 때 붙이는 부호이다. 부호에 사용되는 알파벳과 그 의미는 기본임무부호와 동일하다. 항공기가 기본임무와 특수임무를 모두 수행할 수 있을 때에는 두 부호를 모두 표시하며, 개량으로 인하여 더 이상 기본임무를 수행하지 못하게 된 경우에는 특수임무부호만을 표시한다.

현재상태부호는 현재 정상적으로 사용되고 있지 않은 항공기에만 붙이는 부호이다. G는 영구보존처리된 항공기, J와 N은 테스트를 위해 사용되고 있는 항공기에 붙이는 부호이다. J는 테스트 종료 후 정상적으로 사용될 항공기에 붙이는 부호이며, N은 개량을 많이 거쳤기 때문에 이후에도 정상적으로 사용될 계획이 없는 항공기에 붙이는 부호이다.

설계번호는 항공기가 특정그룹 내에서 몇 번째로 설계되었는지를 나타낸다. 1~100번은 일반 비행기, 101~200번은 글라이더 및 헬리콥터, 201~250번은 무인항공기, 251~300번은 우주선 및 수직단거리이착륙기에 붙인다. 예를 들어 107번은 글라이더와 헬리콥터 중 7번째로 설계된 항공기라는 뜻이다.

개량형부호는 한 모델의 항공기가 몇 차례 개량되었는지를 보여주는 부호이다. 개량하지 않은 최초의 모델은 항상 A를 부여받으며, 이후에는 개량될 때마다 알파벳 순서대로 부호가 붙게 된다.

9 윗글을 근거로 판단할 때, 〈보기〉에서 항공기 식별코드 중 앞부분 코드로 구성 가능한 것을 모두 고르면?

㉠ KK	㉡ GBCV
㉢ CAH	㉣ R

① ㉠
② ㉠, ㉡
③ ㉡, ㉢
④ ㉡, ㉢, ㉣
⑤ ㉠, ㉡, ㉢, ㉣

10 윗글을 근거로 판단할 때, '현재 정상적으로 사용 중인 개량하지 않은 일반 비행기'의 식별코드 형식으로 옳은 것은?

① (기본임무부호) – (설계번호)

② (기본임무부호) – (개량형부호)

③ (기본임무부호) – (설계번호)(개량형부호)

④ (현재상태부호)(특수임무부호) – (설계번호)(개량형부호)

⑤ (현재상태부호) – (기본임무부호) – (설계번호)

▌11~12▐ 다음 숫자들의 배열 규칙을 찾아 "?"에 들어갈 알맞은 숫자를 고르시오.

11

7	14	15	19	?

① 17

② 20

③ 23

④ 27

⑤ 29

12

12	4	24	8	?

① 36

② 38

③ 46

④ 48

⑤ 50

13 야산 한 쪽에 태양광 설비 설치를 위해 필요한 부품을 트럭에서 내려 설치 장소까지 리어카를 이용하여 시속 4km로 이동한 K씨는 설치 후 트럭이 있는 곳까지 시속 8km의 속도로 다시 돌아왔다. 처음 트럭을 출발하여 작업을 마치고 다시 트럭의 위치로 돌아오니 총 4시간이 걸렸다. 작업에 소요된 시간이 1시간 30분이라면, 트럭에서 태양광 설치 장소까지의 거리는 얼마인가? (거리는 반올림하여 소수 둘째 자리까지 표시함)

① 약 4.37km ② 약 4.95km

③ 약 5.33km ④ 약 6.28km

⑤ 약 6.67km

14 그림과 같이 P도시에서 Q도시로 가는 길은 3가지이고, Q도시에서 R도시로 가는 길은 2가지이다. P도시를 출발하여 Q도시를 거쳐 R도시로 가는 방법은 모두 몇 가지인가?

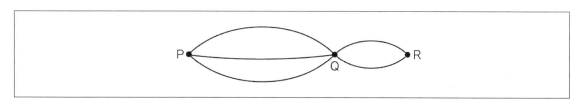

① 3가지 ② 4가지

③ 5가지 ④ 6가지

⑤ 7가지

15 수지는 2023년 1월 1일부터 휴대폰을 개통하여 하루에 쓰는 통화요금은 1,800원이다. 3월 16일까지 사용한 양은 1,500분으로 총 135,000원이 누적되었을 때, 하루에 통화한 시간은?

① 5분 ② 10분

③ 15분 ④ 20분

⑤ 25분

16 8%의 소금물 150g에 소금 xg을 섞었더니 31%의 소금물이 되었다. 추가된 소금의 양은 얼마인가?

① 20g   ② 30g

③ 40g   ④ 50g

⑤ 60g

17 다음은 甲국의 전기자동차 충전요금 산정기준과 계절별 부하 시간대에 대한 자료이다. 이에 대한 설명으로 옳은 것은?

〈전기자동차 충전요금 산정기준〉

월 기본요금(원)	시간대＼계절	전력량 요율(원/kWh)		
		여름(6~8월)	봄(3~5월),가을(9~10월)	겨울(1~2월, 11~12월)
2,390	경부하	57.6	58.7	80.7
	중간부하	145.3	70.5	128.2
	최대부하	232.5	75.4	190.8

※ 월 충전요금(원) = 월 기본요금
+(경부하 시간대 전력량 요율 × 경부하 시간대 충전 전력량)+(중간부하 시간대 전력량 요율 × 중간부하 시간대 충전 전력량)+(최대부하 시간대 전력량 요율 × 최대부하 시간대 충전 전력량)

※ 월 충전요금은 해당 월 1일에서 말일까지의 충전 전력량을 사용하여 산정한다.

※ 1시간에 충전되는 전기자동차의 전력량은 5 kWh이다.

〈계절별 부하 시간대〉

계절 시간대	여름 (6~8월)	봄(3~5월), 가을(9~10월)	겨울 (1~2월, 11~12월)
경부하	00 : 00 ~ 09 : 00 23 : 00 ~ 24 : 00	00 : 00 ~ 09 : 00 23 : 00 ~ 24 : 00	00 : 00 ~ 09 : 00 23 : 00 ~ 24 : 00
중간부하	09 : 00 ~ 10 : 00 12 : 00 ~ 13 : 00 17 : 00 ~ 23 : 00	09 : 00 ~ 10 : 00 12 : 00 ~ 13 : 00 17 : 00 ~ 23 : 00	09 : 00 ~ 10 : 00 12 : 00 ~ 17 : 00 20 : 00 ~ 22 : 00

① 모든 시간대에서 봄, 가을의 전력량 요율이 가장 낮다.

② 월 100 kWh를 충전했을 때 월 충전요금의 최댓값과 최솟값 차이는 16,000원 이하이다.

③ 중간부하 시간대의 총 시간은 6월 1일과 12월 1일이 동일하다.

④ 22시 30분의 전력량 요율이 가장 높은 계절은 여름이다.

⑤ 12월 중간부하 시간대에만 100 kWh를 충전한 월 충전요금은 14,210원이다.

18 다음은 A~E 5대의 자동차별 속성과 연료 종류별 가격에 관한 자료이다. 60km를 운행하는 데에 연료비가 가장 많이 드는 자동차는?

■ 자동차별 속성

자동차 \ 특성	사용연료	최고시속(km/h)	연비(km/l)	연료탱크용량(l)
A	휘발유	200	10	60
B	LPG	160	8	60
C	경유	150	12	60
D	휘발유	180	20	60
E	경유	200	8	60

■ 연료 종류별 가격

연료 종류	리터당 가격(원/l)
휘발유	1,700
LPG	1,000
경유	1,500

※ 연료비 = 연료탱크용량/연비 × 가격

① A

② B

③ C

④ D

⑤ E

19 다음 〈표〉는 A은행 ○○지점 직원들의 지난 달 상품 신규 가입 실적 현황을 나타낸 자료이다. 이에 대한 설명 중 옳은 것을 모두 고르면?

구분 \ 직원	A	B	C	D	E	F
성별	남	남	여	남	여	남
실적(건)	0	2	6	4	8	10

> ㉠ 직원들의 평균 실적은 5건이다.
> ㉡ 남자면서 실적이 5건 이상인 직원 수는 전체 남자 직원 수의 50% 이상이다.
> ㉢ 실적이 2건 이상인 남자 직원의 수는 실적이 4건 이상인 여자 직원의 수의 2배 이상이다.
> ㉣ 여자 직원이거나 실적이 7건 이상인 직원 수는 전체 직원 수의 50% 이상이다.

① ㉠, ㉡
② ㉠, ㉢
③ ㉠, ㉣
④ ㉡, ㉢
⑤ ㉡, ㉣

20 다음은 신입사원 300명을 대상으로 어떤 스포츠에 관심이 있는지 조사한 표이다. 두 종목 이상의 스포츠에 관심이 있는 사원의 수는?

스포츠 종목	비율(%)	스포츠 종목	비율(%)
야구	30	축구와 농구	7
농구	20	야구와 축구	9
축구	25	농구와 야구	9

① 25명
② 50명
③ 75명
④ 100명
⑤ 125명

▌21~22▐ 다음의 조건이 모두 참일 때, 반드시 참인 것을 고르시오.

21

> • 민수는 병식이보다 나이가 많다.
> • 나이가 많은 사람이 용돈을 더 많이 받는다.
> • 기완이는 병식이보다 더 많은 용돈을 받는다.

① 기완이의 나이가 가장 많다.
② 민수의 나이가 가장 많다.
③ 병식이가 가장 어리다.
④ 민수는 기완이보다 나이가 많다.
⑤ 기완이는 민수보다 나이가 많다.

22

> • 책 읽는 것을 좋아하는 사람은 집중력이 높다.
> • 성적이 좋지 않은 사람은 집중력이 높지 않다.
> • 미경이는 1학년 5반이다.
> • 1학년 5반의 어떤 학생은 책 읽는 것을 좋아한다.

① 미경이는 책 읽는 것을 좋아한다.
② 미경이는 집중력이 높지 않다.
③ 1학년 5반의 모든 학생은 성적이 좋다.
④ 1학년 5반의 어떤 학생은 집중력이 높다.
⑤ 1학년 5반은 성적이 좋지 않다.

23 지하철 이용과 관련한 다음 명제들을 통해 추론한 설명으로 올바른 것은 어느 것인가?

> • 1호선을 타 본 사람은 2호선도 타 보았다.
> • 2호선을 타 본 사람은 5호선도 타 보았다.
> • 5호선을 타 본 사람은 3호선을 타 보지 않았다.
> • 3호선을 타 본 사람은 4호선을 타 보지 않았다.
> • 4호선을 타 본 사람은 1호선을 타 보지 않았다.

① 5호선을 타 보지 않은 사람은 1호선을 타 보았다.
② 3호선을 타 본 사람은 1호선을 타 보지 않았다.
③ 4호선을 타 보지 않은 사람은 5호선을 타 보았다.
④ 2호선을 타 본 사람은 4호선을 타 보았다.
⑤ 5호선을 타 보지 않은 사람은 3호선을 타 보았다.

24 쓰레기를 무단 투기하는 사람을 찾기 위해 고심하던 아파트 관리인 세상씨는 다섯 명의 입주자 A, B, C, D, E를 면담했다. 이들은 각자 다음과 같이 이야기를 했다. 이 가운데 두 사람의 이야기는 모두 거짓인 반면, 세 명의 이야기는 모두 참이라고 한다. 다섯 명 가운데 한 명이 범인이라고 할 때 쓰레기를 무단 투기한 사람은 누구인가?

> A : 쓰레기를 무단 투기하는 것을 나와 E만 보았다. B의 말은 모두 참이다.
> B : 쓰레기를 무단 투기한 것은 D이다. D가 쓰레기를 무단 투기하는 것을 E가 보았다.
> C : D는 쓰레기를 무단 투기하지 않았다. E의 말은 참이다.
> D : 쓰레기를 무단 투기하는 것을 세 명의 주민이 보았다. B는 쓰레기를 무단 투기하지 않았다.
> E : 나와 A는 쓰레기를 무단 투기하지 않았다. 나는 쓰레기를 무단 투기하는 사람을 아무도 보지 못했다.

① A
② B
③ C
④ D
⑤ E

25 K지점으로부터 은행, 목욕탕, 편의점, 미용실, 교회 건물이 각각 다음과 같은 조건에 맞게 위치해 있다. 모두 K지점으로부터 일직선상에 위치해 있다고 할 때, 다음 설명 중 올바른 것은 어느 것인가? (언급되지 않은 다른 건물은 없다고 가정한다)

- K지점으로부터 50m 이상 떨어져 있는 건물은 목욕탕, 미용실, 은행이다.
- 목욕탕과 교회 건물 사이에는 편의점을 포함한 2개의 건물이 있다.
- 5개의 건물은 각각 K지점에서 15m, 40m, 60m, 70m, 100m 떨어진 거리에 있다.

---

① 목욕탕과 편의점과의 거리는 40m이다.
② 연이은 두 건물 간의 거리가 가장 먼 것은 은행과 편의점이다.
③ 미용실과 편의점의 사이에는 1개의 건물이 있다.
④ K지점에서 미용실이 가장 멀리 있다면 은행과 교회는 45m 거리에 있다.
⑤ K지점에서 미용실이 가장 멀리 있다면 교회와 목욕탕과의 거리는 편의점과 미용실과의 거리보다 멀다.

26 자동차검사 설비 수리를 하기 위해 본사에서 파견된 8명의 기술자들이 출장지에서 하룻밤을 묵게 되었다. 1개 층에 4개의 객실(101~104호, 201~204호, 301~304호, 401~404호)이 있는 3층으로 된 조그만 여인숙에 1인당 객실 1개씩을 잡고 투숙하였고 다음과 같은 조건을 만족할 경우, 12개의 객실 중 8명이 묵고 있지 않은 객실 4개를 모두 알기 위하여 필요한 사실이 될 수 있는 것은 다음 보기 중 어느 것인가? (출장자 일행 외의 다른 투숙객은 없는 것으로 가정한다)

- 출장자들은 1, 2, 3층에 각각 객실 2개, 3개, 3개에 투숙하였다.
- 출장자들은 1, 2, 3, 4호 라인에 각각 2개, 2개, 1개, 3개 객실에 투숙하였다.

---

① 302호에 출장자가 투숙하고 있다.
② 203호에 출장자가 투숙하고 있지 않다.
③ 102호에 출장자가 투숙하고 있다.
④ 202호에 출장자가 투숙하고 있지 않다.
⑤ 103호에 출장자가 투숙하고 있다.

다음의 내용에 따라 두 번의 재배정을 한 결과, 병이 홍보팀에서 수습 중이다. 다른 신입사원과 최종 수습부서를 바르게 연결한 것은?

신입사원을 뽑아서 1년 동안의 수습 기간을 거치게 한 후, 정식사원으로 임명을 하는 한 회사가 있다. 그 회사는 올해 신입사원으로 2명의 여자 직원 갑과 을, 그리고 2명의 남자 직원 병과 정을 뽑았다. 처음 4개월의 수습기간 동안 갑은 기획팀에서, 을은 영업팀에서, 병은 총무팀에서, 정은 홍보팀에서 각각 근무하였다. 그 후 8개월 동안 두 번의 재배정을 통해서 신입사원들은 다른 부서에서도 수습 중이다. 재배정할 때마다 다음의 세 원칙 중 한 가지 원칙만 적용되었고, 같은 원칙은 다시 적용되지 않았다.

〈원칙〉

1. 기획팀에서 수습을 거친 사람과 총무팀에서 수습을 거친 사람은 서로 교체해야 하고, 영업팀에서 수습을 거친 사람과 홍보팀에서 수습을 거치 사람은 서로 교체한다.
2. 총무팀에서 수습을 거친 사람과 홍보팀에서 수습을 거친 사람만 서로 교체한다.
3. 여성 수습사원만 서로 교체한다.

---

① 갑 – 총무팀　　　　　　② 을 – 영업팀
③ 을 – 총무팀　　　　　　④ 정 – 영업팀
⑤ 정 – 총무팀

..

28 다음으로부터 추론한 것으로 옳은 것만을 〈보기〉에서 모두 고른 것은?

> 경비업체 SEOWON은 보안 점검을 위탁받은 한 건물 내에서 20개의 점검 지점을 지정하여 관리하고 있다. 보안 담당자는 다음 〈규칙〉에 따라 20개 점검 지점을 방문하여 이상 여부를 기록한다.
>
> 〈규칙〉
> • 첫 번째 점검에서는 1번 지점에서 출발하여 20번 지점까지 차례로 모든 지점을 방문한다.
> • 두 번째 점검에서는 2번 지점에서 출발하여 한 개 지점씩 건너뛰고 점검한다. 즉 2번 지점, 4번 지점, …, 20번 지점까지 방문한다.
> • 세 번째 점검에서는 3번 지점에서 출발하여 두 개 지점씩 건너뛰고 점검한다. 즉 3번 지점, 6번 지점, …, 18번 지점까지 방문한다.
> • 이런 식으로 방문이 이루어지다가 20번째 점검에서 모든 점검이 완료된다.

〈보기〉
ㄱ 20번 지점은 총 6회 방문하게 된다.
ㄴ 2회만 방문한 지점은 총 8개이다.
ㄷ 한 지점을 최대 8회 방문할 수 있다.

① ㄱ
② ㄷ
③ ㄱㄴ
④ ㄴㄷ
⑤ ㄱㄴㄷ

29 다음을 근거로 판단할 때, 도형의 모양을 옳게 짝지은 것은?

5명의 학생은 5개 도형 A~E의 모양을 맞히는 게임을 하고 있다. 5개의 도형은 모두 서로 다른 모양을 가지며 각각 삼각형, 사각형, 오각형, 육각형, 원 중 하나의 모양으로 이루어진다. 학생들에게 아주 짧은 시간 동안 5개의 도형을 보여준 후 도형의 모양을 2개씩 진술하게 하였다. 학생들이 진술한 도형의 모양은 다음과 같고, 모두 하나씩만 정확하게 맞혔다.

〈진술〉

甲 : C = 삼각형, D = 사각형
乙 : B = 오각형, E = 사각형
丙 : C = 원,　　 D = 오각형
丁 : A = 육각형, E = 사각형
戊 : A = 육각형, B = 삼각형

① A＝육각형, D＝사각형
② B＝오각형, C＝삼각형
③ A＝삼각형, E＝사각형
④ C＝오각형, D＝원
⑤ D＝오각형, E＝육각형

30 다음 글의 내용과 날씨를 근거로 판단할 경우 종아가 여행을 다녀온 시기로 가능한 것은?

- 종아는 선박으로 '포항 → 울릉도 → 독도 → 울릉도 → 포항' 순으로 3박 4일의 여행을 다녀왔다.
- '포항 → 울릉도' 선박은 매일 오전 10시, '울릉도 → 포항' 선박은 매일 오후 3시에 출발하며, 편도 운항에 3시간이 소요된다.
- 울릉도에서 출발해 독도를 돌아보는 선박은 매주 화요일과 목요일 오전 8시에 출발하여 당일 오전 11시에 돌아온다.
- 최대 파고가 3m 이상인 날은 모든 노선의 선박이 운항되지 않는다.
- 종아는 매주 금요일에 술을 마시는데, 술을 마신 다음날은 멀미가 심해 선박을 탈 수 없다.
- 이번 여행 중 종아는 울릉도에서 호박엿 만들기 체험을 했는데, 호박엿 만들기 체험은 매주 월·금요일 오후 6시에만 할 수 있다.

날씨

(㉤ : 최대 파고)

日	月	火	水	木	金	土
16 ㉤ 1.0m	17 ㉤ 1.4m	18 ㉤ 3.2m	19 ㉤ 2.7m	20 ㉤ 2.8m	21 ㉤ 3.7m	22 ㉤ 2.0m
23 ㉤ 0.7m	24 ㉤ 3.3m	25 ㉤ 2.8m	26 ㉤ 2.7m	27 ㉤ 0.5m	28 ㉤ 3.7m	29 ㉤ 3.3m

① 19일(水) ~ 22일(土)

② 20일(木) ~ 23일(日)

③ 23일(日) ~ 26일(水)

④ 25일(火) ~ 28일(金)

⑤ 26일(水) ~ 29일(土)

31 귀하는 중견기업 영업관리팀 사원으로 매출분석업무를 담당하고 있다. 아래와 같이 엑셀 워크시트로 서울에 있는 강북, 강남, 강서, 강동 등 4개 매장의 '수량'과 '상품코드'별 단가를 이용하여 금액을 산출하고 있다. 귀하가 다음 중 [D2] 셀에서 사용하고 있는 함수식으로 옳은 것은 무엇인가? (금액 = 수량 × 단가)

	A	B	C	D
1	지역	상품코드	수량	금액
2	강북	AA-10	15	45,000
3	강남	BB-20	25	125,000
4	강서	AA-10	30	90,000
5	강동	CC-30	35	245,000
6				
7		상품코드	단가	
8		AA-10	3,000	
9		BB-20	7,000	
10		CC-30	5,000	

① =C2*VLOOKUP(B2,$B$8:$C$10, 1, 1)

② =B2*HLOOKUP(C2,$B$8:$C$10, 2, 0)

③ =C2*VLOOKUP(B2,$B$8:$C$10, 2, 0)

④ =C2*HLOOKUP($B$8:$C$10, 2, B2)

⑤ =C2*HLOOKUP($B$8:$C$10, 2, 1)

32 엑셀 사용 시 발견할 수 있는 다음과 같은 오류 메시지 중 설명이 올바르지 않은 것은 어느 것인가?

① #DIV/0! – 수식에서 어떤 값을 0으로 나누었을 때 표시되는 오류 메시지

② #N/A – 함수나 수식에 사용할 수 없는 데이터를 사용했을 경우 발생하는 오류 메시지

③ #NULL! – 잘못된 인수나 피연산자를 사용했을 경우 발생하는 오류 메시지

④ #NUM! – 수식이나 함수에 잘못된 숫자 값이 포함되어 있을 경우 발생하는 오류 메시지

⑤ #REF! – 셀 참조가 유효하지 않을 경우 발생하는 오류 메시지

33 다음 워크시트에서 [A1] 셀에 '111'를 입력하고 마우스로 채우기 핸들을 아래로 드래그 하여 숫자가 증가하도록 입력하려고 한다. 이 때 같이 눌러야 하는 키는 무엇인가?

	A
1	111
2	112
3	113
4	114
5	115
6	116
7	117
8	118
9	119
10	120

① F1
② Ctrl
③ Alt
④ Shift
⑤ Tab

34 다음과 같은 네 명의 카드 사용실적에 관한 자료를 토대로 한 함수식의 결과값이 동일한 것을 〈보기〉에서 모두 고른 것은 어느 것인가?

	A	B	C	D	E
1		갑	을	병	정
2	1일 카드사용 횟수	6	7	3	5
3	평균 사용금액	8,500	7,000	12,000	10,000

〈보기〉

(가) =COUNTIF(B2:E2,"◇"&E2)

(나) =COUNTIF(B2:E2,">3")

(다) =INDEX(A1:E3,2,4)

(라) =TRUNC(SQRT(C2),2)

① (가), (나), (다)   ② (가), (나), (라)

③ (가), (다), (라)   ④ (나), (다), (라)

⑤ (가), (나), (다), (라)

35 다음의 알고리즘에서 인쇄되는 A는?

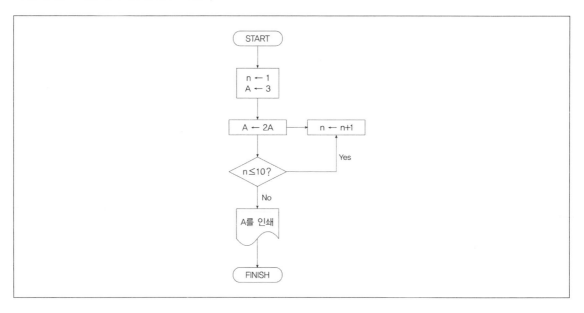

① $2^8 \cdot 3$

② $2^9 \cdot 3$

③ $2^{10} \cdot 3$

④ $2^{11} \cdot 3$

⑤ $2^{12} \cdot 3$

36 다음 중 컴퓨터의 기능에 관한 설명으로 옳지 않은 것은?

① 제어기능 : 주기억장치에 저장되어 있는 명령을 해독하여 필요한 장치에 신호를 보내어 자료처리가 이루어지도록 하는 기능이다.

② 기억기능 : 처리 대상으로 입력된 자료와 처리결과로 출력된 정보를 기억하는 기능이다.

③ 연산기능 : 주기억장치에 저장되어 있는 자료들에 대하여 산술 및 논리연산을 행하는 기능이다.

④ 입력기능 : 자료를 처리하기 위해서 필요한 논리연산을 행하는 기능이다.

⑤ 출력기능 : 정보를 활용할 수 있도록 나타내 주는 기능이다.

┃ 37~40 ┃ 다음 완소그룹 물류창고의 책임자와 각 창고 내 보관된 제품의 코드 목록을 보고 물음에 답하시오.

책임자	제품코드번호	책임자	제품코드번호
권두완	21015N0301200013	노완희	21028S0100500023
공덕영	21051C0100200015	박근동	20123G0401800008
심근동	21012F0200900011	양균호	21026P0301100004
정용준	20113G0100100001	박동신	21051A0200700017
김영재	21033H0301300010	권현종	21071A0401500021

ex) 제품코드번호

2021년 3월에 성남 3공장에서 29번째로 생산된 주방용품 앞치마 코드

2103	–	1C	–	01005	–	00029
(생산연월)		(생산공장)		(제품종류)		(생산순서)

생산연월	생산공장			제품종류			생산순서
	지역코드		고유번호	분류코드		고유번호	
			A 1공장			001 주걱	
	1 성남		B 2공장			002 밥상	
			C 3공장			003 쟁반	
			D 1공장	01 주방용품		004 접시	
	2 구리		E 2공장			005 앞치마	
			F 3공장			006 냄비	
			G 1공장			007 빗자루	
• 2011	3 창원		H 2공장	02 청소도구		008 쓰레받기	• 00001부터 시
– 2020년 11월			I 3공장			009 봉투	작하여 생산
• 2106			J 1공장			010 대걸레	순서대로 5자
– 2021년 6월	4 서산		K 2공장			011 TV	리의 번호가
			L 3공장	03 가전제품		012 전자레인지	매겨짐
	5 원주		M 1공장			013 가스레인지	
			N 2공장			014 컴퓨터	
	6 강릉		O 1공장			015 치약	
			P 2공장			016 칫솔	
	7 진주		Q 1공장	04 세면도구		017 샴푸	
			R 2공장			018 비누	
	8 합천		S 1공장			019 타월	
			T 2공장			020 린스	

37 완소그룹의 제품 중 2021년 5월에 합천 1공장에서 36번째로 생산된 세면도구 비누의 코드로 알맞은 것은?

① 21058S0401800036 ② 21058S0401600036
③ 21058T0402000036 ④ 21058T0401800036
⑤ 21058S0401500036

38 2공장에서 생산된 제품들 중 현재 물류창고에 보관하고 있는 가전제품은 모두 몇 개인가?

① 1개 ② 2개
③ 3개 ④ 4개
⑤ 5개

39 다음 중 창원 1공장에서 생산된 제품을 보관하고 있는 물류창고의 책임자들끼리 바르게 연결된 것은?

① 김영재 – 박동신 ② 정용준 – 박근동
③ 권두완 – 양균호 ④ 공덕영 – 권현종
⑤ 양균호 – 노완희

40 제품코드 21071A0401500021에 대한 설명으로 옳지 않은 것은?

① 권현종이 책임자이다.
② 2021년 7월에 생산되었다.
③ 성남 1공장에서 생산되었다.
④ 세면도구 칫솔이다.
⑤ 21번째로 생산된 제품이다.

41 지은이는 유명 관광지가 몰려 있는 한 지역의 지도를 다음과 같이 간략하게 정리하였다. 관광지 간의 거리와 도로별 연비가 아래 표와 같을 때 지은이가 숙소에서 출발하여 최단 경로로 모든 관광지를 다 둘러보았다고 할 경우 지은이가 이동한 거리는 얼마인가? (단, 마지막으로 둘러본 관광지에서 숙소로 돌아올 때의 거리는 포함하지 않는다)

[관광지 간의 거리]

숙소 → A	60km
숙소 → B	90km
숙소 → F	60km
A → B	50km
A → F	100km
B → C	40km
C → D	50km
C → E	50km
D → E	70km
D → F	80km

① 350km
② 370km
③ 400km
④ 430km
⑤ 460km

42 다음 글을 근거로 판단할 때 A팀이 최종적으로 선택하게 될 이동수단의 종류와 그 비용을 바르게 연결한 것은?

> 총 4명으로 구성된 A팀은 해외출장을 계획하고 있다. A팀은 출장지에서의 이동수단 한 가지를 결정하려고 한다. 이 때 A팀은 경제성, 용이성, 안전성의 총 3가지 요소를 고려하여 최종점수가 가장 높은 이동수단을 선택한다.
>
> • 각 고려요소의 평가결과 '상' 등급을 받으면 3점을, '중' 등급을 받으면 2점을, '하' 등급을 받으면 1점을 부여한다. 단, 안전성을 중시하여 안전성 점수를 2배로 계산한다. (예를 들어, 안전성 '하' 등급은 2점)
> • 경제성은 각 이동수단별 최소비용이 적은 것부터 상, 중, 하로 계산한다.
> • 각 고려요소의 평가점수를 합하여 최종점수를 구한다.

[평가표]

이동수단	경제성	용이성	안전성
헨터카	?	상	하
택시	?	중	중
대중교통	?	하	중

[이동수단별 비용계산식]

이동수단	비용계산식
렌터카	(렌트비＋유류비)×이용 일수 －렌트비＝$50/1일(4인승 차량) －유류비＝$10/1일(4인승 차량)
택시	거리당 가격($1/1마일)×이동거리(마일)－최대 4명가지 탑승가능
대중교통	대중교통패스 3일권($40/1인)×인원 수

[해외출장 일정]

출장일정	이동거리(마일)
10월 1일	100
10월 2일	50
10월 3일	50

① 렌터카 － $180   ② 택시 － $200
③ 택시 － $400   ④ 대중교통 － $160
⑤ 대중교통 － $200

▎43~44 ▎ D회사에서는 1년에 1명을 선발하여 해외연수를 보내주는 제도가 있다. 김부장, 최과장, 오과장, 홍대리 4명이 지원한 가운데 〈선발 기준〉과 〈지원자 현황〉은 다음과 같다. 다음을 보고 물음에 답하시오.

[선발 기준]

구분	점수	비고
외국어 성적	50점	
근무 경력	20점	15년 이상이 만점 대비 100%, 10년 이상 15년 미만이 70%, 10년 미만이 50%이다. 단, 근무경력이 최소 5년 이상인 자만 선발 자격이 있다.
근무 성적	10점	
포상	20점	3회 이상이 만점 대비 100%, 1~2회가 50%, 0회가 0%이다.
계	100점	

[지원자 현황]

이동수단	비용계산식
렌터카	(렌트비＋유류비)×이용 일수 －렌트비＝$50/1일(4인승 차량) －유류비＝$10/1일(4인승 차량)
택시	거리당 가격($1/1마일)×이동거리(마일) － 최대 4명가지 탑승가능
대중교통	대중교통패스 3일권($40/1인)×인원 수

[해외출장 일정]

출장일정	이동거리(마일)
10월 1일	100
10월 2일	50
10월 3일	50

[선발 기준]

구분	점수	비고
외국어 성적	50점	
근무 경력	20점	15년 이상이 만점 대비 100%, 10년 이상 15년 미만이 70%, 10년 미만이 50%이다. 단, 근무경력이 최소 5년 이상인 자만 선발 자격이 있다.
근무 성적	10점	
포상	20점	3회 이상이 만점 대비 100%, 1~2회가 50%, 0회가 0%이다.
계	100점	

[지원자 현황]

구분	김부장	최과장	오과장	홍대리
근무경력	30년	20년	10년	3년
포상	2회	4회	0회	5회

※ 외국어 성적은 김부장과 최과장이 만점 대비 50%이고, 오과장이 80%, 홍대리가 100%이다.

※ 근무 성적은 최과장이 만점이고, 김부장, 오과장, 홍대리는 만점 대비 90%이다.

43 위의 선발기준과 지원자 현황에 따를 때 가장 높은 점수를 받은 사람이 선발된다면 선발되는 사람은?

① 김부장   ② 최과장

③ 오과장   ④ 홍대리

⑤ 모두 동일하다.

44 회사 규정의 변경으로 인해 선발기준이 다음과 같이 변경되었다면, 새로운 선발기준 하에서 선발되는 사람은? (단, 가장 높은 점수를 받은 사람이 선발된다)

구분	점수	비고
		[선발 기준]
외국어 성적	40점	
근무 경력	40점	30년 이상이 만점 대비 100%, 20년 이상 30년 미만이 70%, 20년 미만이 50%이다. 단, 근무경력이 최소 5년 이상인 자만 선발 자격이 있다.
근무 성적	10점	
포상	10점	3회 이상이 만점 대비 100%, 1~2회가 50%, 0회가 0%이다.
계	100점	

① 김부장   ② 최과장
③ 오과장   ④ 홍대리
⑤ 모두 동일하다.

45 다음은 통신사별 시행하는 데이터 요금제 방식이다. 다음과 같은 방식으로 영희가 한 달에 약 5.6G의 데이터를 사용한다면 어느 통신사를 사용하는 것이 가장 유리한지 고르시오.

(단위: 원)

요금제		A사	B사	C사	D사	E사
2G 까지	기본요금	3,000	27,00	3,500	3,200	2,850
2G 이후	100M단위요금	7.4	10	7	6.8	8.2

① A사   ② B사
③ C사   ④ D사
⑤ E사

46 G회사에서 근무하는 S씨는 직원들의 출장비를 관리하고 있다. 이 회사의 규정이 다음과 같을 때 S씨가 甲 부장에게 지급해야 하는 총일비와 총 숙박비는 각각 얼마인가? (국가 간 이동은 모두 항공편으로 한다고 가정한다)

여행일수의 계산
여행일수는 여행에 실제로 소요되는 일수에 의한다. 국외여행의 경우에는 국내 출발일은 목적지를, 국내 도착일은 출발지를 여행하는 것으로 본다.

여비의 구분계산
• 여비 각 항목은 구분하여 계산한다.
• 같은 날에 여비액을 달리하여야 할 경우에는 많은 액을 기준으로 지급한다.

일비 · 숙박비의 지급
• 국외여행자의 경우는 〈국외여비정액표〉에 따라 지급한다.
• 일비는 여행일수에 따라 지급한다.
• 숙박비는 숙박하는 밤의 수에 따라 지급한다. 다만 항공편 이동 중에는 따로 숙박비를 지급하지 아니한다.

〈국외여비정액표〉

(단위 : 달러)

구분	여행국가	일비	숙박비
부장	A국	80	233
	B국	70	164

```
                              〈甲의 여행일정〉

        1일째                (06:00) 출국
        2일째                (07:00) A국 도착
                             (18:00) 만찬
        3일째                (09:00) 회의
                             (15:00) A국 출국
                             (17:00) B국 도착
        4일째                (09:00) 회의
                             (18:00) 만찬
        5일째                (22:00) B국 출국
        6일째                (20:00) 귀국
```

	총일비(달러)	총숙박비(달러)
①	450	561
②	450	610
③	460	610
④	460	561
⑤	470	610

┃47~48┃ 사무용 비품 재고 현황을 파악하기 위해서 다음과 같이 표로 나타내었다. 다음 물음에 답하시오.

〈사무용 비품 재고 현황〉

품목	수량	단위당 가격
믹스커피	1BOX(100개입)	15,000
과자	2BOX(20개입)	1,800
서류봉투	78장	700
가위	3개	3,000
물티슈	1개	2,500
휴지	2롤	18,000
나무젓가락	15묶음	2,000
종이컵	3묶음	1,200
형광펜	23자루	500
테이프	5개	2,500
볼펜	12자루	1,600
수정액	5개	5,000

47 다음 중 가장 먼저 구매해야 할 비품은 무엇인가?

① 수정액   ② 물티슈

③ 종이컵   ④ 믹스커피

⑤ 볼펜

48 다음 비품 예산이 3만 원 남았다고 할 때, 예산 안에 살 수 없는 것은 무엇인가?

① 믹스커피 1BOX + 수정액 2개

② 형광펜 30자루 + 서류봉투 10장

③ 나무젓가락 10묶음 + 볼펜 8자루

④ 휴지 1롤 + 물티슈 3개

⑤ 물티슈 4개 + 휴지 1롤

┃49~50┃ 다음은 서원물류담당자 J씨가 회사와 인접한 파주, 인천, 철원, 구리 4개 지점 중 최적의 물류거점을 세우려고 한다. 지점 간 거리와 물동량을 보고 물음에 답하시오.

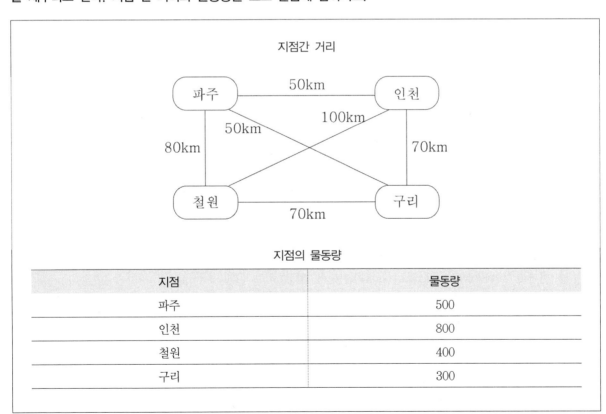

지점의 물동량

지점	물동량
파주	500
인천	800
철원	400
구리	300

49 지점간 거리를 고려한 최적의 물류거점은 어디가 되는가?

① 파주 ② 인천

③ 철원 ④ 구리

⑤ 모두 동일하다

50 지점간 거리와 물동량을 모두 고려한 최적의 물류거점은 어디가 되는가?

① 파주 ② 인천

③ 철원 ④ 구리

⑤ 모두 동일하다

▎51~52 ▎ 다음 사용설명서를 보고 이어지는 물음에 답하시오.

효율적인 업무를 위해 새롭게 문서 세단기를 구입한 총무팀에서는 제품을 설치하여 사용 중이다. 문서 세단기 옆 벽면에는 다음과 같은 사용설명서가 게시되어 있다.

〈사용 방법〉

1. 전원 코드를 콘센트에 연결해 주세요.
2. 기기의 프런트 도어를 연 후 전원 스위치를 켜 주세요.
3. 프런트 도어를 닫은 후 'OLED 표시부'에 '세단대기'가 표시되면 세단할 문서를 문서투입구에 넣어주세요.(CD 및 카드는 CD 투입구에 넣어주세요)
4. 절전모드 실행 중에는 전원버튼을 눌러 켠 후 문서를 넣어주세요.
5. 'OLED 표시부'에 부하량이 표시되면서 완료되면 '세단완료'가 표시됩니다.

〈사용 시 주의사항〉

1. 투입부에 종이 이외는 투입하지 마세요.
2. 부품에 물기가 묻지 않도록 주의하세요.
3. 넥타이 및 옷소매 등이 투입부에 말려들어가지 않도록 주의하세요.
4. 가스나 기타 인화물질 근처에서는 사용하지 마세요.
5. '파지비움' 표시의 경우 파지함을 비워주세요.
6. 세단량이 많을 경우 고장의 원인이 되므로 적정량을 투입하세요.
7. 세단량이 많을 때의 '모터과열' 표시의 경우 모터 보호를 위해 정상적으로 멈추는 것이니 30분정도 중지 후 다시 사용하세요.

〈고장신고 전 OLED 표시부 확인사항〉

증상	조치
1. 전원버튼을 눌러도 제품이 동작하지 않을 때 2. 전원스위치를 ON시켜도 동작하지 않을 때	◆ 전원코드가 꽂혀있는지 확인합니다. ◆ 프런트 도어를 열고 전원스위치가 ON되어 있는지 확인합니다.
3. 자동 역회전 후 '세단포기'가 표시되면서 제품이 정지했을 때	◆ 투입구에서 문서를 꺼낸 후 적정량만 투입합니다.
4. '모터과열'이 표시되면서 제품이 정지했을 때	◆ 과도한 투입 및 장시간 연속동작 시 모터가 과열되어 제품이 멈춘 상태이니 전원을 끄고 30분 후 사용합니다.
5. '파지비움'이 표시되면서 제품이 정지했을 때	◆ '프런트 도어'가 표시되면 프런트 도어를 열고 파지함을 비워줍니다. ◆ 파지함을 비워도 '파지비움' 표시가 없어지지 않으면(파지 감지스위치에 이물질이 쌓여있을 수 있습니다) 파지 감지판을 흔들어 이물질을 제거합니다.
6. 문서를 투입하지 않았는데 자동으로 제품이 동작될 경우	◆ 투입구 안쪽으로 문서가 걸려있는 경우이므로 종이 2~3장을 여러 번 접어 안쪽에 걸려있는 문서를 밀어 넣습니다.
7. 전원을 켰을 때 '세단대기'가 표시되지 않고 세팅화면이 표시될 때	◆ 전원버튼을 길게 눌러 세팅모드에서 빠져 나옵니다.

51 다음 중 문서 세단기가 정상 작동하지 않는 원인이 아닌 것은?

① 파지를 비우지 않아 파지함이 꽉 찼을 경우

② 투입구 안쪽에 문서가 걸려있을 경우

③ 절전모드에서 전원버튼을 눌렀을 경우

④ 문서투입구에 CD가 투입될 경우

⑤ 파지 감지스위치에 이물질이 쌓여있을 경우

52 다음 OLED 표시부 표시 내용 중 성격이 나머지와 다른 것은?

① 세단포기   ② 파지비움

③ 모터과열   ④ 프런트 도어

⑤ 세단대기

다음은 ISBN 코드와 13자리 번호체계를 설명하는 자료이다. 다음을 보고 물음에 답하시오

ISBN 978 − 3 − 16 − 148410 − 0

국가번호 → 3
서명식별번호 → 148410
접두부 → 978
발행자번호 → 16
체크기호 → 0

〈체크기호 계산법〉

- 1단계 − ISBN 처음 12자리 숫자에 가중치 1과 3을 번갈아 가며 곱한다.
- 2단계 − 각 가중치를 곱한 값들의 합을 계산한다.
- 3단계 − 가중치의 합을 10으로 나눈다.
- 4단계 − 3단계의 나머지 값을 10에서 뺀 값이 체크기호가 된다. 단 나머지가 0인 경우의 체크기호는 0이다.

53 빈칸 'A'에 들어갈 마지막 '체크기호'의 숫자는?

ISBN 938 − 15 − 93347 − 12 − A

① 5   ② 6

③ 7   ④ 8

⑤ 9

54 빈칸 'B'에 들어갈 수 없는 숫자는?

ISBN 257 − 31 − 20028 − B − 3

① 10

② 23

③ 52

④ 68

⑤ 94

┃55~57┃ 다음 표를 참고하여 질문에 답하시오.

스위치	기능
○	1번과 2번 기계를 180도 회전시킨다.
●	1번과 3번 기계를 180도 회전시킨다.
♧	2번과 3번 기계를 180도 회전시킨다.
♣	2번과 4번 기계를 180도 회전시킨다.
◖	1번과 2번 기계의 작동상태를 다른 상태로 바꾼다. (운전→정지, 정지→운전)
◗	3번과 4번 기계의 작동상태를 다른 상태로 바꾼다. (운전→정지, 정지→운전)
♥	모든 기계의 작동상태를 다른 상태로 바꾼다. (운전→정지, 정지→운전)

 = 정지   = 운전

55 처음 상태에서 스위치를 두 번 눌렀더니 다음과 같이 바뀌었다. 어떤 스위치를 눌렀는가?

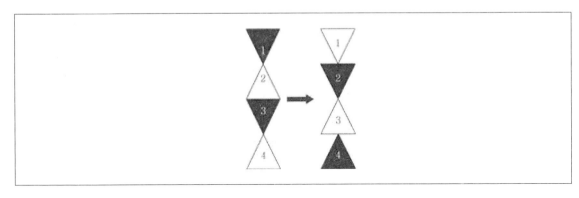

① ○◑

② ♥♣

③ ◑●

④ ○♥

⑤ ♣●

56 처음 상태에서 스위치를 세 번 눌렀더니 다음과 같이 바뀌었다. 어떤 스위치를 눌렀는가?

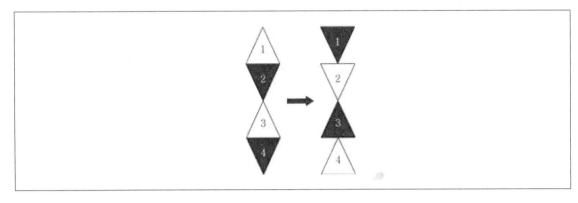

① ○●◑

② ○♣◑

③ ○♣♥

④ ○♣♥

⑤ ◑◑♥

57 처음 상태에서 스위치를 세 번 눌렀더니 다음과 같이 바뀌었다. 어떤 스위치를 눌렀는가?

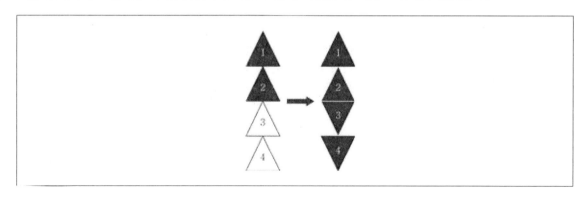

① ●♣◐

② ○●◐

③ ●◑◐

④ ♧♣◐

⑤ ♧♣♥

| 58~60 | 다음은 △△회사의 식기세척기 사용설명서 중〈고장신고 전에 확인해야 할 사항〉의 일부 내용이다. 다음을 보고 물음에 답하시오.

이상증상	확인사항	조치방법
세척이 잘 되지 않을 때	식기가 서로 겹쳐 있진 않나요?	식기의 배열 상태에 따라 세척성능에 차이가 있습니다. 사용설명서의 효율적인 그릇배열 및 주의사항을 참고하세요.
	세척날개가 회전할 때 식기에 부딪치도록 식기를 수납하셨나요?	국자, 젓가락 등 가늘고 긴 식기가 바구니 밑으로 빠지지 않도록 하세요. 세척노즐이 걸려 돌지 않으므로 세척이 되지 않습니다.
	세척날개의 구멍이 막히진 않았나요?	세척날개를 청소해 주세요.
	필터가 찌꺼기나 이물로 인해 막혀 있진 않나요?	필터를 청소 및 필터 주변의 이물을 제거해 주세요.
	필터가 들뜨거나 잘못 조립되진 않았나요?	필터의 조립상태를 확인하여 다시 조립해 주세요.
	세제를 적정량 사용하셨나요?	적정량의 세제를 넣어야 정상적으로 세척이 되므로 적정량의 세제를 사용해 주세요.
	전용세제 이외의 다른 세제를 사용하진 않았나요?	일반 주방세제나 베이킹 파우더를 사용하시면 거품으로 인해 정상적 세척이 되지 않으며, 누수를 비롯한 각종 불량 현상이 발생할 수 있으므로 전용세제를 사용해 주세요.
동작이 되지 않을 때	문을 확실하게 닫았나요?	문 중앙을 딸깍 소리가 날 때까지 눌러 확실하게 닫아야 합니다.
	급수밸브나 수도꼭지가 잠겨 있진 않나요?	급수밸브와 수도꼭지를 열어주세요.
	단수는 아닌가요?	다른 곳의 수도꼭지를 확인하세요.
	물을 받고 있는 중인가요?	설정된 양만큼 급수될 때까지 기다리세요.
	버튼 잠금 표시가 켜져 있진 않나요?	버튼 잠금 설정이 되어 있는 경우 '헹굼/건조'와 '살균' 버튼을 동시에 2초간 눌러서 해제할 수 있습니다.

운전 중 소음이 날 때	내부에서 달그락거리는 소리가 나나요?	가벼운 식기들이 분사압에 의해 서로 부딪혀 나는 소리일 수 있습니다.
	세척날개가 회전할 때 식기에 부딪치도록 식기를 수납하셨나요?	동작을 멈춘 후 문을 열어 선반 아래로 뾰족하게 내려온 것이 있는지 등 식기 배열을 다시 해주세요.
	운전을 시작하면 '웅~' 울림 소음이 나나요?	급수전에 내부에 남은 잔수를 배수하기 위해 배수펌프가 동작하는 소리이므로 안심하고 사용하세요.
	급수시에 소음이 들리나요?	급수압이 높을 경우 소음이 발생할 수 있습니다. 급수밸브를 약간만 잠가 급수압을 약하게 줄이면 소리가 줄어들 수 있습니다.
냄새가 나는 경우	타는 듯한 냄새가 나나요?	사용 초기에는 제품 운전시 발생하는 열에 의해 세척모터 등의 전기부품에서 특유의 냄새가 날 수 있습니다. 이러한 냄새는 5~10회 정도 사용하면 냄새가 날아가 줄어드니 안심하고 사용하세요.
	세척이 끝났는데 세제 냄새가 나나요?	문이 닫힌 상태로 운전이 되므로 운전이 끝난 후 문을 열게 되면 제품 내부에 갖혀 있던 세제 특유의 향이 날 수 있습니다. 초기 본 세척 행정이 끝나면 세제가 고여 있던 물은 완전히 배수가 되며, 그 이후에 선택한 코스 및 기능에 따라 1~3회의 냉수 헹굼과 고온의 가열 헹굼이 1회 진행되기 때문에 세제가 남는 것은 아니므로 안심하고 사용하세요.
	새 제품에서 냄새가 나나요?	제품을 처음 꺼내면 새 제품 특유의 냄새가 날 수 있으나 설치 후 사용을 시작하면 냄새는 없어집니다.

58 △△회사의 서비스센터에서 근무하고 있는 Y씨는 고객으로부터 세척이 잘 되지 않는다는 문의전화를 받았다. Y씨가 확인해보라고 할 사항이 아닌 것은?

① 식기가 서로 겹쳐 있진 않습니까?

② 세척날개의 구멍이 막히진 않았습니까?

③ 타는 듯한 냄새가 나진 않습니까?

④ 전용세제 이외의 다른 세제를 사용하진 않았습니까?

⑤ 필터가 들뜨거나 잘못 조립되진 않았습니까?

59 식기세척기가 동작이 되지 않을 때의 조치방법으로 옳지 않은 것은?

① 문이 안 닫힌 경우에는 문 중앙을 딸깍 소리가 날 때까지 눌러 확실하게 닫는다.
② 급수밸브와 수도꼭지가 잠긴 경우에는 급수밸브와 수도꼭지를 열어준다.
③ 물을 받고 있는 경우에는 설정된 양만큼 급수될 때까지 기다린다.
④ 젓가락 등이 아래로 빠진 경우에는 식기배열을 다시 한다.
⑤ 단수인지 아닌지 다른 수도꼭지를 확인한다.

60 버튼 잠금 설정이 되어 있는 경우 이를 해제하려면 어떤 버튼을 눌러야 되는가?

① [세척]+[동작/정지]
② [헹굼/건조]+[살균]
③ [헹굼/건조]+[예약]
④ [살균]+[예약]
⑤ [세척]+[살균]

1 다음 제시된 글의 내용과 일치하는 것을 모두 고른 것은?

유물(遺物)을 등록하기 위해서는 명칭을 붙인다. 이 때 유물의 전반적인 내용을 알 수 있도록 하는 것이 바람직하다. 따라서 명칭에는 그 유물의 재료나 물질, 제작기법, 문양, 형태가 나타난다. 예를 들어 도자기에 청자상감운학문매병(靑瓷象嵌雲鶴文梅瓶)이라는 명칭이 붙여졌다면, '청자'는 재료를, '상감'은 제작기법을, '운학문'은 문양을, '매병'은 그 형태를 각각 나타낸 것이다. 이러한 방식으로 다른 유물에 대해서도 명칭을 붙이게 된다.

유물의 수량은 점(點)으로 계산한다. 작은 화살촉도 한 점이고 커다란 철불(鐵佛)도 한 점으로 처리한다. 유물의 파편이 여럿인 경우에는 일괄(一括)이라 이름 붙여 한 점으로 계산하면 된다. 귀걸이와 같이 쌍(雙)으로 된 것은 한 쌍으로 하고, 하나인 경우에는 한 짝으로 하여 한 점으로 계산한다. 귀걸이 한 쌍은, 먼저 그 유물번호를 적고 그 뒤에 각각 (2-1), (2-2)로 적는다. 뚜껑이 있는 도자기나 토기도 한 점으로 계산하되, 번호를 매길 때는 귀걸이의 예와 같이 하면 된다.

유물을 등록할 때는 그 상태를 잘 기록해 둔다. 보존상태가 완전한 경우도 많지만, 일부가 손상된 유물도 많다. 예를 들어 유물의 어느 부분이 부서지거나 깨졌지만 그 파편이 남아 있는 상태를 파손(破損)이라고 하고, 파편이 없는 경우를 결손(缺損)이라고 표기한다. 그리고 파손된 것을 붙이거나 해서 손질했을 때 이를 수리(修理)라 하고, 결손된 부분을 모조해 원상태로 재현했을 때는 복원(復原)이라는 용어를 사용한다.

㉠ 도자기 뚜껑의 일부가 손상되어 파편이 떨어진 유물의 경우, 뚜껑은 파편과 일괄하여 한 점이지만 도자기 몸체와는 별개이므로 전체가 두 점으로 계산된다.

㉡ 조선시대 방패의 한 귀퉁이가 부서져나가 그 파편을 찾을 수 없다면, 수리가 아닌 복원의 대상이 된다.

㉢ 위 자료에 근거해 볼 때, 청자화훼당초문접시(靑瓷花卉唐草文皿)는 그 명칭에 비추어 청자상감운학문매병과 동일한 재료 및 문양을 사용하였으나, 그 제작기법과 형태에 있어서 서로 다른 것으로 추정된다.

㉣ 박물관이 소장하고 있는 한 쌍의 귀걸이 중 한 짝이 소실되는 경우에도 그 박물관 전체 유물의 수량이 줄어들지는 않을 것이다.

㉤ 일부가 결손된 철불의 파편이 어느 지방에서 발견되어 그 철불을 소장하던 박물관에서 함께 소장하게 된 경우, 그 박물관이 소장하는 전체 유물의 수량은 늘어난다.

① ㉠

② ㉡㉢

③ ㉡㉣

④ ㉠㉢㉤

⑤ ㉡㉣㉤

2 다음 밑줄 친 단어의 의미와 동일하게 쓰인 것을 고르시오.

> 경제부총리 겸 기획재정부 장관은 26일 최근 노동이슈 관련 "다음 주부터 시행되는 노동시간 단축 관련 올해 말까지 계도기간을 설정해 단속보다는 제도 정착에 초점을 두고 추진할 것"이라고 밝혔다.
>
> 부총리는 이날 정부서울청사에서 노동현안 관련 경제현안간담회를 주재하고 "7월부터 노동시간 단축 제도가 시행되는 모든 기업에 대해 시정조치 기간을 최장 6개월로 <u>늘리고</u>, 고소·고발 등 법적인 문제의 처리 과정에서도 사업주의 단축 노력이 충분히 참작될 수 있도록 하겠다."라며 이같이 말했다.
>
> 부총리는 "노동시간 단축 시행 실태를 면밀히 조사해 탄력 근로단위기간 확대 등 제도개선 방안도 조속히 마련하겠다."라며 "불가피한 경우 특별 연장근로를 인가받아 활용할 수 있도록 구체적인 방안을 강구할 것"이라고 밝혔다.

① 우리는 10년 만에 넓은 평수로 <u>늘려</u> 이사했다.

② 그 집은 알뜰한 며느리가 들어오더니 금세 재산을 <u>늘려</u> 부자가 되었다.

③ 적군은 세력을 <u>늘린</u> 후 다시 침범하였다.

④ 대학은 학생들의 건의를 받아들여 쉬는 시간을 <u>늘리는</u> 방안을 추진 중이다.

⑤ 실력을 <u>늘려서</u> 다음에 다시 도전해 봐야겠다.

3 다음 글을 통해 추론할 수 있는 것은?

> '핸드오버'란 이동단말기가 이동함에 따라 기존 기지국에서 이탈하여 새로운 기지국으로 넘어갈 때 통화가 끊기지 않도록 통화 신호를 새로운 기지국으로 넘겨주는 것을 말한다. 이런 핸드오버는 이동단말기, 기지국, 이동전화교환국 사이의 유무선 연결을 바탕으로 실행된다. 이동단말기가 기지국에 가까워지면 그 둘 사이의 신호가 점점 강해지는데 반해, 이동단말기와 기지국이 멀어지면 그 둘 사이의 신호는 점점 약해진다. 이 신호의 세기가 특정값 이하로 떨어지게 되면 핸드오버가 명령되어 이동단말기와 새로운 기지국 간의 통화 채널이 형성된다. 이 과정에서 이동전화교환국과 기지국 간 연결에 문제가 발생하면 핸드오버가 실패하게 된다.
>
> 핸드오버는 이동단말기와 기지국 간 통화 채널 형성 순서에 따라 '형성 전 단절 방식'과 '단절 전 형성 방식'으로 구분될 수 있다. FDMA와 TDMA에서는 형성 전 단절 방식을, CDMA에서는 단절 진 형성 방식을 사용한다. 형성 전 단절 방식은 이동단말기와 새로운 기지국 간의 통화 채널이 형성되기 전에 기존 기지국과의 통화 채널을 단절하는 것을 말한다. 이와 반대로 단절 전 형성 방식은 이동단말기와 기존 기지국 간의 통화 채널이 단절되기 전에 새로운 기지국과의 통화 채널을 형성하는 방식이다. 이런 핸드오버 방식의 차이는 각 기지국이 사용하는 주파수 간 차이에서 비롯된다. 만약 각 기지국이 다른 주파수를 사용하고 있다면, 이동단말기는 기존 기지국과의 통화 채널을 미리 단절한 뒤 새로운 기지국에 맞는 주파수를 할당 받은 후 통화 채널을 형성해야 한다. 그러나 각 기지국이 같은 주파수를 사용하고 있다면, 그런 주파수 조정이 필요 없으며 새로운 통화 채널을 형성하고 나서 기존 통화 채널을 단절할 수 있다.

① 단절 전 형성 방식의 각 기지국은 서로 다른 주파수를 사용한다.

② 형성 전 단절 방식은 단절 전 형성 방식보다 더 빨리 핸드오버를 명령할 수 있다.

③ 이동단말기와 기존 기지국 간의 통화 채널이 단절되면 핸드오버가 성공한다.

④ CDMA에서는 하나의 이동단말기가 두 기지국과 동시에 통화 채널을 형성할 수 있지만 FDMA에서는 그렇지 않다.

⑤ 이동단말기 A와 기지국 간 신호 세기가 이동단말기 B와 기지국 간 신호 세기보다 더 작다면 이동단말기 A에서는 핸드오버가 명령되지만 이동단말기 B에서는 핸드오버가 명령되지 않는다.

4 다음에 제시된 네 개의 문장 (개) ~ (래)를 문맥에 맞게 순서대로 바르게 나열한 것은?

> (개) 공산품을 제조·유통·사용·폐기하는 과정에서 생태계가 정화시킬 수 있는 정도 이상의 오염물이 배출되고 있기 때문에 다양한 형태의 생태계 파괴가 일어나고 있다.
>
> (내) 생태계 파괴는 곧 인간에게 영향을 미치므로 생태계의 건강관리에도 많은 주의를 기울여야 할 것이다.
>
> (대) 최근 '웰빙'이라는 말이 유행하면서 건강에 더 많은 신경을 쓰는 사람들이 늘어나고 있다.
>
> (래) 그러나 인간이 살고 있는 환경 자체의 건강에 대해서는 아직도 많은 관심을 쏟고 있지 않는 것 같다.

① (내) - (개) - (대) - (래)

② (개) - (내) - (래) - (대)

③ (내) - (개) - (래) - (대)

④ (대) - (래) - (개) - (내)

⑤ (대) - (개) - (래) - (내)

5 다음 글의 빈 칸 ㉠, ㉡에 들어갈 접속사가 순서대로 올바르게 짝지어진 것은?

> 1977년 하버드대학교를 갓 졸업한 아이린 페퍼버그는 대담한 실험에 착수했다. 동물에게 말을 걸어 무슨 생각을 하는지 알아내려고 마음먹은 것이다. 동물을 기계나 로봇처럼 단순한 존재로 취급하던 시대에 말이다. 아이린은 한 살짜리 수컷아프리카회색앵무새 한 마리를 연구실로 데려와 알렉스라는 이름을 지어주고 영어발음을 따라하도록 가르쳤다. 페퍼버그가 알렉스와 대화를 시도할 무렵 동물의 사고능력은 없다는 것이 과학계의 통설이었다. 동물은 자극에 기계적으로 반응하는 수동적 존재일 뿐 스스로 생각하거나 느낄 수 없다는 것이다. (㉠) 애완동물을 기르는 사람이라면 생각이 다를 것이다. 강아지의 눈빛에 어린 사랑을 느낄 수 있고 바둑이도 감정과 생각이 있다고 말할 것이다. (㉡) 이런 주장은 여전히 논란의 대상이 되고 있다. 그렇게 느끼는 건 육감일 뿐 과학이 아니며, 인간은 자신의 생각과 감정을 동물에 투사하는 오류에 빠지기 쉽기 때문이다. 그렇다면 동물이 생각할 수 있다는 것, 다시 말해 세상에 대한 정보를 습득하고 습득한 정보에 따라 행동할 수 있다는 걸 어떻게 과학적으로 증명할 수 있을까?

① 왜냐하면, 하지만

② 하지만, 물론

③ 물론, 따라서

④ 따라서, 그러므로

⑤ 물론, 하지만

6 다음 표준 임대차 계약서의 일부를 보고 추론할 수 없는 내용은?

[임대차계약서 계약조항]

제1조[보증금] 을(乙)은 상기 표시 부동산의 임대차보증금 및 차임(월세)을 다음과 같이 지불하기로 한다.

• 보증금: 금○○원으로 한다.

• 계약금: 금○○원은 계약 시에 지불한다.

• 중도금: 금○○원은 2017년 ○월 ○일에 지불한다.

• 잔 금: 금○○원은 건물명도와 동시에 지불한다.

• 차임(월세): 금○○원은 매월 말일에 지불한다.

제4조[구조변경, 전대 등의 제한] 을(乙)은 갑(甲)의 동의 없이 상기 표시 부동산의 용도나 구조 등의 변경, 전대, 양도, 담보제공 등 임대차 목적 외에 사용할 수 없다.

제5조[계약의 해제] 을(乙)이 갑(甲)에게 중도금(중도금 약정이 없는 경우에는 잔금)을 지불하기 전까지는 본 계약을 해제할 수 있는 바, 갑(甲)이 해약할 경우에는 계약금의 2배액을 상환하며 을(乙)이 해약할 경우에는 계약금을 포기하는 것으로 한다.

제6조[원상회복의무] 을(乙)은 존속기간의 만료, 합의 해지 및 기타 해지사유가 발생하면 즉시 원상회복 하여야 한다.

---

① 중도금 약정 없이 계약이 진행될 수도 있다.

② 부동산의 용도를 변경하려면 갑(甲)의 동의가 필요하다.

③ 을(乙)은 계약금, 중도금, 보증금의 순서대로 임대보증금을 지불해야 한다.

④ 중도금 혹은 잔금을 지불하기 전까지만 계약을 해제할 수 있다.

⑤ 원상회복에 대한 의무는 을(乙)에게만 생길 수 있다.

7 다음 제시된 글에서 청소년기를 규정하고 있는 관점으로 가장 적절한 것은?

고대 그리스의 철학자 Platon은 '법률(Laws)'과 '국가론(the Republic)'이라는 두 책에서 청소년기는 다른 시기보다도 습관에 의해 성격이 형성되기 쉽다고 지적하고 있다. 또한 그는 청소년의 성격은 삶의 과정 동안 매우 변하기 쉽다고 주장하였다. 플라톤은 이성의 발달이 청소년기에 이루어진다고 보았다. 그 이유는 이전의 아동기는 습관에 의한 훈련을 통해 인간의 본능을 알게 되고 이를 자신과 조화시키도록 하는 것은 이성을 습득한 후에 가능하다고 보았기 때문이다.

이러한 맥락에서 교육은 이성이 발달하기 이전에 아동에게 경험을 제공하는 것이며, 플라톤은 아동의 개인차를 인정하여 모든 아동은 각기 다른 능력을 가지고 태어나기 때문에 각자의 적성에 맞는 활동을 할 수 있도록 안내해 주어야 한다고 주장하였다. 청소년기에 대한 플라톤의 긍정적인 태도는 오늘날의 임파워먼트(empowerment)개념과 비슷한 부분이 청소년기에 있음을 주장하고 있는 것으로 여겨진다. 즉 청소년의 능력에 따라 이를 적극적으로 활용할 수 있도록 안내하는 책임이 성인 및 이들을 돕는 전문가에게 있는데, 이는 청소년을 능동적 주체로 여기는 것이다.

청소년기를 태동하게 만든 배경은 서구의 산업혁명으로 인한 의무교육의 도입으로 볼 수 있다. 산업화가 진행됨에 따라 사회는 교육받은 숙련된 노동력을 더욱 필요로 하게 되었다. 이러한 사회적 배경을 토대로 19세기말부터는 아동 및 청소년의 노동을 제한하고 학교교육이 의무화되었다. 그 결과 10대 청소년은 또래와 많은 시간을 보냈고, 아동과는 구별되지만 아직 성인의 책임을 맡을 준비는 되지 않은 독특한 그들만의 또래문화를 만들게 되었다.

---

① 법적 관점   ② 사회적 관점

③ 심리적 관점   ④ 교육적 관점

⑤ 경제적 관점

8 다음 제시된 글의 내용으로 보아, 빈 칸에 들어갈 가장 적절한 말은?

올해 5월 25일 오후 4시 20분(현지 시간). 뉴질랜드 북섬의 마히아 반도의 해안가에서 희뿌연 연기가 피어올랐다. 곧이어 연기 위로 검은색 로켓이 하늘로 솟아올랐다. 뉴질랜드에서 발사된 최초의 전기모터 우주발사체가 우주를 향해 날아오르는 순간이었다. '로켓랩'이라는 회사가 개발한 '일렉트론'이라는 이름의 이 로켓은 길이가 17m에 불과한 2단 로켓이다. 우리나라가 2013년 발사에 성공한 나로호의 절반밖에 안 된다. 그럼에도 불구하고 이 로켓의 시험발사가 관심을 모은 이유는 (   ) 로켓이기 때문이다.

현재 우주발사체 엔진은 액체연료를 쓴다. 액체 상태의 연료를 높은 압력으로 연소기에 뿜어준 뒤 불을 붙여서 그 폭발력으로 로켓을 추진시키는 것이다. 예를 들어 2013년 발사된 나로호는 액체 산소와 케로신(등유)을 산화제와 연료로 썼다. 이때 연소기에 주입된 연료의 압력이 높아야 연소기를 작고 가볍게 만들면서도 강한 추진력을 낼 수 있다. 이를 위해 연료통의 압력을 높이면 될 것 같지만, 그만한 압력을 견디려면 연료통이 훨씬 두꺼워야 한다. 결국 로켓이 더 무거워지는 문제가 생긴다. 현재 사용 중인 대부분의 우주로켓은 연료통과 연소기 사이에 터보펌프를 장착하는 것으로 그 문제를 해결하고 있다. 연료통의 압력을 3기압 정도로 유지하고, 터보펌프로 압력을 100~200기압으로 높여서 연소기에 주입하는 것이다. 하지만 터보펌프를 써도 펌프를 비롯해 이를 작동시키기 위한 여러 장치들을 설치해야 하기 때문에 어쩔 수 없이 로켓의 무게가 무거워진다. 게다가 설비가 복잡해질수록 오작동을 일으킬 가능성도 높아진다.

전기모터는 이런 문제점을 해결해 주는 기술이다. 터보펌프 대신 전기의 힘으로 모터를 돌려서 연료를 연소실에 높은 압력으로 보내주는 것이다. 이런 방식으로 작동하는 로켓엔진을 전기모터 엔진이라고 부른다. 전기모터를 쓰면 터보펌프를 쓰는 것보다 단순한 구조로 로켓을 만들 수 있어서 오작동 가능성이 낮다. 또 엔진을 끄고 켜거나 추진력을 조절하기도 쉽다. 게다가 터보펌프를 작동시키기 위해 투입된 연료가 다 연소되지 못해서 생기는 그을음이 없어서 친환경적이며, 엔진을 재활용하는 것도 상대적으로 쉽다. 그럼에도 지금까지 전기모터와 배터리를 장착한 엔진이 나오지 못했던 가장 큰 이유는 배터리의 에너지밀도 때문이다. 작은 부피에 충분한 양의 에너지를 저장할 만한 기술이 뒷받침되지 못했다. 하지만 최근 스마트폰과 전기자동차 등의 기술이 발전하면서 배터리의 효율이 빠르게 개선됐고, 로켓랩이 최초의 전기모터 엔진을 개발했다. 로켓랩은 원자핵을 발견한 뉴질랜드 출신의 물리학자 어니스트 러더퍼드의 이름을 따서 전기모터 엔진에 '러더퍼드'라는 이름을 붙였다.

러더퍼드 엔진에 적용된 또 하나의 신기술은 바로 3D프린터다. 로켓랩은 엔진의 주요 부품인 연소실과 연료 분사기, 펌프, 추진체 밸브 등을 24시간 안에 출력해서 3일이면 엔진 하나를 만들 수 있다고 밝혔다. 이 말이 사실이라면 로켓 개발 역사에 획을 그을 만한 혁신적인 성과다. 한국항공우주연구원에서 로켓 엔진을 개발 중인 전문가에 따르면 연소실 하나를 만드는 데 보통 5~6개월이 걸린다. 로켓 개발비의 대부분이 인건비인 만큼 제작 기간을 단축하면 비용을 획기적으로 줄일 수 있는 것이다. 하지만 3D프린터로 출력한 부품이 과연 기계로 제작한 부품만큼 안정적으로 작동할지에 대해서는 검증이 필요하다. 실제로 이번 발사에서 일렉트론은 목표로 한 궤도에 도달하지는 못했는데, 여러 가능성이 있지만 엔진에 문제가 있었을 가능성도 배제할 수 없다.

러더퍼드 엔진에 적용된 또 하나의 신기술은 바로 3D프린터다. 로켓랩은 엔진의 주요 부품인 연소실과 연료 분사기, 펌프, 추진체 밸브 등을 24시간 안에 출력해서 3일이면 엔진 하나를 만들 수 있다고 밝혔다. 이 말이 사실이라면 로켓 개발 역사에 획을 그을 만한 혁신적인 성과다. 한국항공우주연구원에서 로켓 엔진을 개발 중인 전문가에 따르면 연소실 하나를 만드는 데 보통 5~6개월이 걸린다. 로켓 개발비의 대부분이 인건비인 만큼 제작 기간을 단축하면 비용을 획기적으로 줄일 수 있는 것이다. 하지만 3D프린터로 출력한 부품이 과연 기계로 제작한 부품만큼 안정적으로 작동할지에 대해서는 검증이 필요하다. 실제로 이번 발사에서 일렉트론은 목표로 한 궤도에 도달하지는 못했는데, 여러 가능성이 있지만 엔진에 문제가 있었을 가능성도 배제할 수 없다.

로켓랩은 올해 시험발사를 몇 차례 더 한 뒤 본격적으로 상업발사를 할 계획이다. 1회 발사 비용은 약 55억 원(490만 달러)으로 책정했다. 인공위성을 최대한 많이 실었다고 가정하면(225kg), 1kg당 발사 비용은 약 2460만 원 정도가 된다. 영화 '아이언맨'의 모델로 알려진 일론 머스크가 세운 민간우주기업 스페이스X의 저궤도 위성 발사 비용과 비교하면 약 8배 정도 비싼 편이지만, 스페이스X는 100~500kg급의 소형 위성은 발사하지 않는다. 소형 저궤도 위성만 전문적으로 발사하는 시장에서는 경쟁력이 있는 가격이다. 특히 최근 들어 큰 위성보다는 작은 위성 여러 개를 군집비행 시키는 방식으로 개발 추세가 변하고 있어 소형 저궤도 위성 발사 시장이 커질 것으로 전망된다. 로켓랩은 올해 안에 일렉트론 로켓을 달로 쏘아 보낼 계획이다. 올해 1월 구글의 민간 달탐사 후원 공모전인 '구글 루나 X 프라이즈'에서 선정된 '문 익스프레스' 팀이 일렉트론에 탐사선을 실어 보내기로 했기 때문이다. 구글은 선정된 다섯 팀 중에서 올해 안에 탐사선을 달에 가장 먼저 착륙시킨 뒤 500m 이상 이동시키면서 사진과 동영상을 촬영한 팀에게 약 226억 원(2000만 달러)을 상금으로 줄 계획이다.

이처럼 전기모터 엔진 기술이 빠르게 발전하고 있지만, 현재 상용화 된 터보펌프 엔진과 동등한 수준의 성능을 내려면 아직은 갈 길이 멀다. 전문가들은 전기모터를 구동하는 배터리의 에너지 밀도가 2015년을 기준으로 비교했을 때 1.5~2배 정도 향상돼야 한다고 설명한다. 현재 기술 발전 속도로 봤을 때 앞으로 10년 이내로 전기모터와 배터리가 액체 엔진의 터빈과 구동 부품들을 대체할 수준이 될 수 있다는 전망이다.

① '연료통의 압력을 높여 출력을 획기적으로 향상시킨'
② '전기모터와 배터리, 3D 프린터로 출력한 부품으로 엔진을 만든 최초의'
③ '오작동의 위험 요소를 없애고 에너지 밀도가 높은 배터리를 사용한'
④ '뉴질랜드에서 발사한 가장 작은 길이의 2단'
⑤ '3D 프린터를 이용한 엔진을 만든 세계 최초의'

▌9~10 ▌ 다음 글을 읽고 물음에 답하시오.

우리나라 옛 문헌에 따르면 거북 또는 남생이는 '귀'라 하고 자라는 '별'이라 칭하였다. 또한 문학작품이나 문헌에서 현의독우·현령성모·원서·청강사자·강사·동현선생·녹의여자·옥령부자·현부·현갑·장륙 등과 같은 표현이 나오는데 이는 모두 거북 또는 남생이를 일컫는다.

거북은 세계적으로 12과 240종이 알려져 있고 우리나라에서는 바다거북, 장수거북, 남생이, 자라 등 총4종이 알려져 있는데 앞의 2종은 해산대형종이고 뒤의 2종은 담수산소형종이다. 거북목(目)의 동물들은 모두 몸이 짧고 등껍질과 배 껍질로 싸여 있으며 양턱은 부리 모양을 이루고 각질의 집으로 싸여 있다. 또한 이빨은 없고 눈꺼풀이 있으며 목은 8개의 목등뼈를 가지고 있어 보통 껍질 속을 드나들 수 있다. 다리는 기본적으로는 오지형으로 되어 있다. 서식지로는 온대·열대의 육상·민물·바다 등에서 사는데 산란은 물에서 사는 것도 육상으로 올라와 한다.

「규합총서」에서 "자라찜을 왕비탕이라 하는데 매우 맛이 좋다. 벽적(뱃속에 뭉치 같은 것이 생기는 병)에 성약이나 그 배에 王자가 있어 그냥 고기와 같지 않고 또 예전에 자라를 살려주고 보은을 받았다는 말이 전하니 먹을 것이 아니다. 비록 「맹자」에 물고기와 자라가 하도 많아 이루 다 먹을 수가 없었다는 말이 있으나 역시 먹지 않는 것이 좋다."라고 한 것으로 보아 식용되고는 있었으나 약이성 식품으로 사용된 듯하다.

거북은 오래 산다는 의미에서 십장생 중 하나에 들어갔으며 민화의 소재로도 많이 사용되었고 용이나 봉황과 함께 상서로운 동물로도 인식되었다. 여기에서 십장생은 민간신앙 및 도교에서 불로장생을 상징하는 열 가지의 사물로 보통 '해·달·산·내·대나무·소나무·거북·학·사슴·불로초' 또는 '해·돌·물·구름·대나무·소나무·불로초·거북·학·산'을 뜻하며 거북은 집을 짓고 상량할 때 대들보에 '하룡'·'해귀'라는 문자를 써 넣기도 했고 귀뉴라 하여 손잡이 부분에 거북 모양을 새긴 인장을 사용하기도 했으며 귀부라 하여 거북 모양으로 만든 비석의 받침돌로도 이용되었다. 또한 동작이 느린 동물로서 많은 이야기의 소재가 되기도 하였다.

대표적인 예로 「삼국유사」 가락국기에는 <구지가>라는 노래가 한역되어 수록되어 있는데 여기서 거북은 가락국의 시조인 수로왕을 드러내게 하는 동물로 등장하고 같은 책의 수로부인조(條)에도 <해가>라는 노래가 들어 있다. 이 노래에서도 역시 거북은 바다로 납치된 수로부인을 나오도록 하는 동물로 나타난다.

그리고 옛날 중국에서는 하나라의 우임금이 치수를 할 때 낙수에서 나온 거북의 등에 마흔다섯 점의 글씨가 있었다고 하는데 이를 '낙서'라 하여 '하도'와 함께 「주역」의 근본이 되었다는 기록도 있다. 이 외에도 중국의 초기문자인 갑골문 또한 거북의 등에 기록된 것으로 점을 칠 때 쓰였는데 오늘날에도 '거북점'이라는 것이 있어 귀갑을 불에 태워 그 갈라지는 금을 보고 길흉을 판단한다. 이처럼 거북은 신령스러운 동물로서 우리나라뿐 아니라 동양 일대에서 신성시하던 동물이었다.

9 다음 중 옳지 않은 것은?

① 우리나라에서는 예부터 거북목(目)의 한 종류인 자라를 식용 및 약용으로 사용하기도 하였다.

② 옛 문헌의 기록으로 말미암아 거북은 고대 우리 민족에게 수신이나 주술매체의 동물로서 인식되었다.

③ 거북은 세계적으로 많은 종이 있는데 바다거북·장수거북·남생이·자라 등 4종은 우리나라에서만 서식하는 고유종이다.

④ 거북은 동양 일대에서 용이나 봉황과 함께 상서로운 동물로 인식되었으며 특히 중국에서는 거북의 등을 이용하여 점을 치기도 하였다.

⑤ 오늘날에도 거북점을 통해 길흉을 판단한다.

10 다음 중 밑줄 친 '십장생'에 속하지 않는 것은?

① 대나무 　　　　　② 바람
③ 소나무 　　　　　④ 사슴
⑤ 거북

▌11~12▐ 다음 숫자들의 배열 규칙을 찾아 "?"에 들어갈 알맞은 숫자를 고르시오.

11

1	1	3	27	?	125

① 5 　　　　　② 15
③ 25 　　　　　④ 35
⑤ 40

12

121	81	49	25	?

① 9   ② 13

③ 15   ④ 19

⑤ 21

13 현재 어머니의 나이는 아버지 나이의 $\frac{4}{5}$이다. 2년 후면 아들의 나이는 아버지의 나이의 $\frac{1}{3}$이 되며, 아들과 어머니의 나이를 합하면 65세가 된다. 현재 3명의 나이를 모두 합하면 얼마인가?

① 112세   ② 116세

③ 120세   ④ 124세

⑤ 128세

14 서원이는 집에서 중학교까지 19km를 통학한다. 집으로부터 자전거로 30분 동안 달린 후 20분 동안 걸어서 중학교에 도착했다면 걷는 속도는 분당 몇 km인가? (단, 자전거는 분속 0.5km로 간다고 가정한다.)

① 0.2km   ② 0.4km

③ 0.6km   ④ 0.8km

⑤ 1km

15 설탕 15g으로 10%의 설탕물을 만들었다. 이것을 끓였더니 농도가 20%인 설탕물이 되었다. 너무 달아서 물 15g을 더 넣었다. 몇 %의 설탕물이 만들어 졌는가?

① 약 10%   ② 약 13%

③ 약 15%   ④ 약 17%

⑤ 약 19%

16 미정이의 올해 연봉은 작년에 비해 20% 인상되고 500만 원의 성과급을 받았는데 이 금액은 60%의 연봉을 인상한 것과 같다면 올해 연봉은 얼마인가?

① 1,400만 원   ② 1,500만 원

③ 1,600만 원   ④ 1,700만 원

⑤ 1,800만 원

17 다음은 A지역 도로에 관한 자료이다. 산업용 도로 4km와 산업관광용 도로 5km의 건설비의 합은 얼마인가?

분류	도로수	총길이	건설비
관광용 도로	5	30km	30억
산업용 도로	7	60km	300억
산업관광용 도로	9	100km	400억
합계	21	283km	730억

① 20억 원   ② 30억 원

③ 40억 원   ④ 50억 원

⑤ 60억 원

18 다음은 ○○시의 시장선거에서 응답자의 종교별 후보지지 설문조사 결과이다. ㈐의 값은? (단, ㈎와 ㈏의 응답자 수는 같다)

(단위 : 명)

응답자의 종교 / 후보	불교	개신교	가톨릭	기타	합
A	130	㈎	60	300	( )
B	260	( )	30	350	740
C	( )	㈏	45	300	㈐
D	65	40	15	( )	( )
계	650	400	150	1,000	2,200

① 670

② 650

③ 630

④ 610

⑤ 590

19 다음은 어느 공과대학의 각 학과 지원자의 비율을 나타낸 것이다. 2021년 건축공학과를 지원한 학생 수가 270명일 때 2021년 건축공학과 지원자 수는 전년 대비 몇 명이 증가하였는가? (단, 2020년과 2021년의 공과대학 전체 지원자 수는 같다고 가정한다.)

(단위 : %)

연도 / 학과	2020년	2021년
화학공학	13.3	12.5
생명공학	11.6	9.5
기계공학	12.4	14.9
건축공학	24.2	27
도시공학	12.1	12.4
기타학과	26.4	23.7

① 28명

② 21명

③ 14명

④ 7명

⑤ 0명

20 XX시 유료 도로에 대한 자료이다. 산업용 도로 3km의 건설비는 얼마가 되는가?

분류	도로수(개)	총길이(km)	건설비(억 원)
관광용 도로	5	30	30
산업용 도로	7	55	300
산업관광용 도로	9	198	400
합계	21	283	730

① 약 5.5억 원

③ 약 16.5억 원

⑤ 약 25.5억 원

② 약 11억 원

④ 약 22억 원

┃21~22┃ 다음의 조건이 모두 참일 때, 반드시 참인 것을 고르시오.

21

- 어떤 육식동물은 춤을 잘 춘다.
- 모든 호랑이는 노래를 잘한다.
- 모든 늑대는 춤을 잘 춘다.
- 호랑이와 늑대는 육식동물이다.

① 어떤 늑대는 노래를 잘한다.

② 어떤 육식동물은 노래를 잘한다.

③ 모든 호랑이는 춤도 잘 추고, 노래도 잘한다.

④ 모든 육식동물은 춤을 잘 춘다.

⑤ 모든 동물은 재능이 많다.

22

> • 모든 호랑이는 뱀을 먹지 않는다.
> • 어떤 뱀은 개구리를 먹는다.
> • 어떤 여우는 뱀을 먹는다.
> • 뱀을 먹는 동물은 개구리를 먹는다.

① 호랑이는 개구리를 먹지 않는다.

② 어떤 여우도 개구리를 먹지 않는다.

③ 어떤 여우는 개구리를 먹는다.

④ 모든 호랑이는 여우를 먹는다.

⑤ 모든 여우는 호랑이를 먹는다.

23 다음의 사실이 전부 참일 때 항상 참인 것은?

> • 경제가 어려워진다면 긴축정책이 시행된다.
> • 물가가 오른다면 긴축정책을 시행하지 않는다.
> • 경제가 어려워지거나 부동산이 폭락한다.
> • 부동산이 폭락한 것은 아니다.

① 물가가 오른다.

② 경제가 어렵지 않다.

③ 물가가 오르지 않는다.

④ 긴축정책을 시행하지 않는다.

⑤ 부동산은 폭락할 수 있다.

24 영업팀 직원인 갑, 을, 병 3명은 어젯밤 과음을 한 것으로 의심되고 있다. 이에 대한 이들의 진술이 다음과 같을 때, 과음을 한 것이 확실한 직원과 과음을 하지 않은 것이 확실한 직원을 순서대로 바르게 짝지은 것은? (단, 과음을 한 직원은 거짓말을 하고, 과음을 하지 않은 직원은 사실을 말하였다)

갑 : "우리 중 1명만 거짓말을 하고 있습니다."
을 : "우리 중 2명이 거짓말을 하고 있습니다."
병 : "갑, 을 중 1명만 거짓말을 하고 있습니다."

① 갑, 을
② 을, 아무도 없음
③ 갑, 아무도 없음
④ 갑과 을, 병
⑤ 아무도 없음, 을

25 갑, 을, 병 세 사람은 면세점에서 A, B, C 브랜드 중 하나의 가방을 각각 구입하려고 한다. 각 브랜드의 제품에 대한 평가와 갑, 을, 병 각자의 제품을 고르는 기준이 다음과 같을 때, 소비자들이 구매할 제품으로 바르게 짝지어진 것은?

〈브랜드별 소비자 제품평가〉

	A	B	C
브랜드명성	10	7	7
경제성	4	8	5
디자인	8	6	7
소재	9	6	3

〈소비자별 구매기준〉

갑 : 브랜드명성이 가장 좋게 평가된 제품을 선택한다.

을 : 모든 속성을 종합적으로 가장 좋은 대안을 선택한다.

병 : 경제성 점수가 가장 높은 제품을 선택한다.

	갑	을	병
①	A	A	A
②	A	A	B
③	A	B	A
④	B	A	B
⑤	B	C	B

26 다음 제시된 조건을 보고, 만일 영호와 옥숙을 같은 날 보낼 수 없다면, 목요일에 보내야 하는 남녀사원은 누구인가?

영업부의 박 부장은 월요일부터 목요일까지 매일 남녀 각 한 명씩 두 사람을 회사 홍보 행사 담당자로 보내야 한다. 영업부에는 현재 남자 사원 4명(길호, 철호, 영호, 치호)과 여자 사원 4명(영숙, 옥숙, 지숙, 미숙)이 근무하고 있으며, 다음과 같은 제약 사항이 있다.
ㄱ 매일 다른 사람을 보내야 한다.
ㄴ 치호는 철호 이전에 보내야 한다.
ㄷ 옥숙은 수요일에 보낼 수 없다.
ㄹ 철호와 영숙은 같이 보낼 수 없다.
ㅁ 영숙은 지숙과 미숙 이후에 보내야 한다.
ㅂ 치호는 영호보다 앞서 보내야 한다.
ㅅ 옥숙은 지숙 이후에 보내야 한다.
ㅇ 길호는 철호를 보낸 바로 다음 날 보내야 한다.

① 길호와 영숙
② 영호와 영숙
③ 치호와 옥숙
④ 길호와 옥숙
⑤ 영호와 미숙

27 다음 글에서 의열단 내의 변절자는 모두 몇 명인가?

> 일본 경찰의 지속적인 추적으로 인하여 다수의 의열단원이 체포되는 상황이 벌어졌다. 의열단의 단장인 약산 김원봉 선생은 의열단 내 변절자가 몇 명이나 되는지 알아보고자 세 명의 간부에게 물었다.
>
> 간부 1 : 서른 명 이상입니다.
>
> 간부 2 : 제 생각은 다릅니다. 서른 명보다는 적습니다.
>
> 간부 3 : 아닙니다. 적어도 한 명 이상입니다.
>
> 다만, 약산 김원봉 선생은 세 명의 간부는 모두 변절자가 아니지만, 오직 한 명만 상황을 정확히 파악하고 있다는 것을 알고 있다.

① 0명
② 1명
③ 3명
④ 5명
⑤ 30명 이상

28 5명(A ~ E)이 다음 규칙에 따라 게임을 하고 있다. 4 → 1 → 1의 순서로 숫자가 호명되어 게임이 진행되었다면 네 번째 술래는?

> • A → B → C → D → E 순으로 반시계방향으로 동그랗게 앉아있다.
> • 한 명의 술래를 기준으로, 술래는 항상 숫자 3을 배정받고, 반시계방향으로 술래 다음 사람이 숫자 4를, 그 다음 사람이 숫자 5를, 술래 이전 사람이 숫자 2를, 그 이전 사람이 숫자 1을 배정받는다.
> • 술래는 1 ~ 5의 숫자 중 하나를 호명하고, 호명된 숫자에 해당하는 사람이 다음 술래가 된다. 새로운 술래를 기준으로 다시 위의 조건에 따라 숫자가 배정되며 게임이 반복된다.
> • 첫 번째 술래는 A다.

① A
② B
③ C
④ D
⑤ E

29 A, B, C, D, E 5명의 입사성적을 비교하여 높은 순서로 순번을 매겼더니 다음과 같은 사항을 알게 되었다. 입사성적이 두 번째로 높은 사람은?

> • 순번 상 E의 앞에는 2명 이상의 사람이 있고 C보다는 앞이었다.
> • D의 순번 바로 앞에는 B가 있다.
> • A의 순번 뒤에는 2명이 있다.

① A
② B
③ C
④ D
⑤ E

30 다음 글을 근거로 유추할 경우 옳은 내용만을 바르게 짝지은 것은?

> • 9명의 참가자는 1번부터 9번까지의 번호 중 하나를 부여 받고, 동시에 제비를 뽑아 3명은 범인, 6명은 시민이 된다.
> • '1번의 오른쪽은 2번, 2번의 오른쪽은 3번, …, 8번의 오른쪽은 9번, 9번의 오른쪽은 1번'과 같이 번호 순서대로 동그랗게 앉는다.
> • 참가자는 본인과 바로 양 옆에 앉은 사람이 범인인지 시민인지 알 수 있다.
> • "옆에 범인이 있다."라는 말은 바로 양 옆에 앉은 2명 중 1명 혹은 2명이 범인이라는 뜻이다.
> • "옆에 범인이 없다."라는 말은 바로 양 옆에 앉은 2명 모두 범인이 아니라는 뜻이다.
> • 범인은 거짓말만 하고, 시민은 참말만 한다.

> ㉠ 1, 4, 6, 7, 8번의 진술이 "옆에 범인이 있다."이고, 2, 3, 5, 9번의 진술이 "옆에 범인이 없다."일 때, 8번이 시민임을 알면 범인들을 모두 찾아낼 수 있다.
> ㉡ 만약 모두가 "옆에 범인이 있다."라고 진술한 경우, 범인이 부여받은 번호의 조합은 (1, 4, 7) / (2, 5, 8) / (3, 6, 9) 3가지이다.
> ㉢ 한 명만이 "옆에 범인이 없다."라고 진술한 경우는 없다.

① ㉡
② ㉢
③ ㉠㉡
④ ㉠㉢
⑤ ㉠㉡㉢

31 다음 자료는 '발전량' 필드를 기준으로 발전량과 발전량이 많은 순위를 엑셀로 나타낸 표이다. 태양광의 발전량 순위를 구하기 위한 함수식으로 'C3'셀에 들어가야 할 알맞은 것은 어느 것인가?

	A	B	C
1	<에너지원별 발전량(단위: Mwh)>		
2	에너지원	발전량	순위
3	태양광	88	2
4	풍력	100	1
5	수력	70	4
6	바이오	75	3
7	양수	65	5

① =ROUND(B3,$B$3:$B$7,0)

② =ROUND(B3,$B$3:$B$7,1)

③ =RANK(B3,$B$3:$B$7,1)

④ =RANK(B3,$B$2:$B$7,0)

⑤ =RANK(B3,$B$3:$B$7,0)

32 다음 표에 제시된 통계함수와 함수의 기능이 서로 잘못 짝지어진 것은 어느 것인가?

함수명	기능
㉠ AVERAGEA	텍스트로 나타낸 숫자, 논리값 등을 포함, 인수의 평균을 구함
㉡ COUNT	인수 목록에서 공백이 아닌 셀과 값의 개수를 구함
㉢ COUNTIFS	범위에서 여러 조건을 만족하는 셀의 개수를 구함
㉣ LARGE(범위, k번째)	범위에서 k번째로 큰 값을 구함
㉤ RANK	지정 범위에서 인수의 순위를 구함

① ㉠

② ㉡

③ ㉢

④ ㉣

⑤ ㉤

33 길동이는 이번 달 사용한 카드 사용금액을 시기별, 항목별로 다음과 같이 정리하였다. 항목별 단가를 확인한 후 D2 셀에 함수식을 넣어 D5까지 드래그를 하여 결과값을 알아보고자 한다. 길동이가 D2 셀에 입력해야 할 함수식으로 적절한 것은 어느 것인가?

	A	B	C	D
1	시기	항목	횟수	사용금액(원)
2	1주	식비	10	
3	2주	의류구입	3	
4	3주	교통비	12	
5	4주	식비	8	
6				
7	항목	단가		
8	식비	6500		
9	의류구입	43000		
10	교통비	3500		

① =C2*HLOOKUP(B2,$A$8:$B$10,2,0)

② =B2*HLOOKUP(C2,$A$8:$B$10,2,0)

③ =B2*VLOOKUP(B2,$A$8:$B$10,2,0)

④ =C2*VLOOKUP(B2,$A$8:$B$10,2,0)

⑤ =C2*HLOOKUP($A$8:$B$10,2,0)

34 바쁜 업무 일정을 마친 선영이는 혼자 제주도를 여행하기로 하고 제주공항에 도착해 간단한 점심을 먹고 숙소에 들어와서 날씨를 참조하며 다음 일정을 체크해 보고 있는 상황이다. 이에 대한 예측 및 분석으로 가장 옳지 않은 것을 고르면? (휴가일정 : 10월 13일~15일, 휴가지 도착시간 10월 13일 오전 10시 기준)

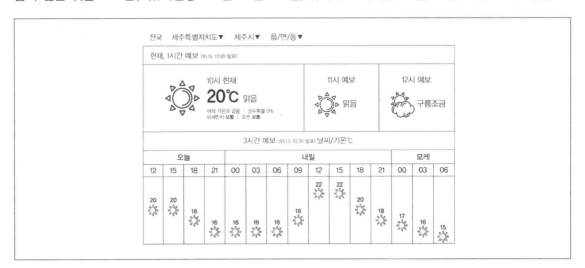

① 휴가 첫날인 오늘 오후 15시에 비해 밤 21시에는 4도 정도 떨어질 예정이다.
② 휴가 첫날은 온도의 높낮이에 관계없이 맑은 날씨로 인해 제주 해안을 볼 수 있다.
③ 휴가 마지막 날은 첫날에 비해 다소 구름이 낄 것이다.
④ 휴가가 끝나는 10월 13일의 미세먼지는 "아주 나쁨"이다.
⑤ 선영이가 일정검색을 하고 있는 현재 시간의 날씨는 맑고 비가 내릴 확률이 거의 없음을 알 수 있다.

35 다음에서 설명하고 있는 것은 무엇인가?

> 1945년 폰노이만(Von Neumann, J)에 의해 개발되었다. 프로그램 데이터를 기억장치 안에 기억시켜 놓은 후 기억된 프로그램에 명령을 순서대로 해독하면서 실행하는 방식으로, 오늘날의 컴퓨터 모두에 적용되고 있는 방식이다.

① IC칩 내장방식
② 송팩 방식
③ 적외선 방식
④ 프로그램 내장방식
⑤ 네트워크 방식

36 다음 중 '클라우드 컴퓨팅'에 대한 적절한 설명이 아닌 것은?

① 사용자들이 복잡한 정보를 보관하기 위해 별도의 데이터 센터를 구축할 필요가 없다.

② 정보의 보관보다 정보의 처리 속도와 정확성이 관건인 네트워크 서비스이다.

③ 장소와 시간에 관계없이 다양한 단말기를 통해 정보에 접근할 수 있다.

④ 주소록, 동영상, 음원, 오피스 문서, 게임, 메일 등 다양한 콘텐츠를 대상으로 한다.

⑤ 클라우드 컴퓨팅을 활용하면 스마트 폰으로 이동 중에 시청하던 영상을 집에 도착하여 TV로 볼 수 있게 된다.

37 다음 (가)~(다)의 설명에 맞는 용어가 순서대로 올바르게 짝지어진 것은?

(가) 유통분야에서 일반적으로 물품관리를 위해 사용된 바코드를 대체할 차세대 인식기술로 꼽히며, 판독 및 해독 기능을 하는 판독기(reader)와 정보를 제공하는 태그(tag)로 구성된다.

(나) 컴퓨터 관련 기술이 생활 구석구석에 스며들어 있음을 뜻하는 '퍼베이시브 컴퓨팅(pervasive computing)'과 같은 개념이다.

(다) 메신저 애플리케이션의 통화 기능 또는 별도의 데이터 통화 애플리케이션을 설치하면 통신사의 이동통신망이 아니더라도 와이파이(Wi-Fi)를 통해 단말기로 데이터 음성통화를 할 수 있으며, 이동통신망의 음성을 쓰지 않기 때문에 국외 통화 시 비용을 절감할 수 있다는 장점이 있다.

---

① RFID, 유비쿼터스, VoIP

② POS, 유비쿼터스, RFID

③ RFID, POS, 핫스팟

④ POS, VoIP, 핫스팟

⑤ RFID, VoIP, POS

다음 자료는 J회사 창고에 있는 가전제품 코드 목록이다. 다음을 보고 물음에 답하시오.

SE-11-KOR-3A-2112	CH-08-CHA-2C-1908	SE-07-KOR-2C-2103
CO-14-IND-2A-2111	JE-28-KOR-1C-2108	TE-11-IND-2A-2011
CH-19-IND-1C-1901	SE-01-KOR-3B-2011	CH-26-KOR-1C-1907
NA-17-PHI-2B-2005	AI-12-PHI-1A-2102	NA-16-IND-1B-1911
JE-24-PHI-2C-2001	TE-02-PHI-2C-2103	SE-08-KOR-2B-2107
CO-14-PHI-3C-2108	CO-31-PHI-1A-2101	AI-22-IND-2A-2103
TE-17-CHA-1B-2101	JE-17-KOR-1C-2106	JE-18-IND-1C-2104
NA-05-CHA-3A-2011	SE-18-KOR-1A-2103	CO-20-KOR-1C-2102
AI-07-KOR-2A-2101	TE-12-IND-1A-2111	AI-19-IND-1A-2103
SE-17-KOR-1B-2102	CO-09-CHA-3C-2104	CH-28-KOR-1C-1908
TE-18-IND-1C-2110	JE-19-PHI-2B-2007	SE-16-KOR-2C-2105
CO-19-CHA-3A-2109	NA-06-KOR-2A-2001	AI-10-KOR-1A-2109

〈코드 부여 방식〉

[제품 종류]-[모델 번호]-[생산 국가]-[공장과 라인]-[제조연월]

〈예시〉

TE-13-CHA-2C-2101
2021년 1월에 중국 2공장 C라인에서 생산된 텔레비전 13번 모델

제품 종류 코드	제품 종류	생산 국가 코드	생산 국가
SE	세탁기	CHA	중국
TE	텔레비전	KOR	한국
CO	컴퓨터	IND	인도네시아
NA	냉장고	PHI	필리핀
AI	에어컨		
JE	전자레인지		
GA	가습기		
CH	청소기		

38 위의 코드 부여 방식을 참고할 때 옳지 않은 내용은?

① 창고에 있는 기기 중 세탁기는 모두 한국에서 제조된 것들이다.
② 창고에 있는 기기 중 컴퓨터는 모두 2021년에 제조된 것들이다.
③ 창고에 있는 기기 중 청소기는 있지만 가습기는 없다.
④ 창고에 있는 기기 중 2019년에 제조된 것은 청소기 뿐이다.
⑤ 창고에 텔레비전은 5대가 있다.

39 J회사에 다니는 Y씨는 가전제품 코드 목록을 파일로 불러와 검색을 하고자 한다. 검색의 결과로 옳지 않은 것은?

① 창고에 있는 세탁기가 몇 개인지 알기 위해 'SE'를 검색한 결과 7개임을 알았다.
② 창고에 있는 기기 중 인도네시아에서 제조된 제품이 몇 개인지 알기 위해 'IND'를 검색한 결과 10개임을 알았다.
③ 모델 번호가 19번인 제품을 알기 위해 '19'를 검색한 결과 4개임을 알았다.
④ 1공장 A라인에서 제조된 제품을 알기 위해 '1A'를 검색한 결과 6개임을 알았다.
⑤ 2021년 1월에 제조된 제품을 알기 위해 '2101'를 검색한 결과 3개임을 알았다.

40 2021년 4월에 한국 1공장 A라인에서 생산된 에어컨 12번 모델의 코드로 옳은 것은?

① AI － 12 － KOR － 2A － 2104
② AI － 12 － KOR － 1A －2104
③ AI － 11 － PHI － 1A － 2104
④ CH － 12 － KOR － 1A － 2104
⑤ CH － 11 － KOR － 3A － 2105

41~42 다음은 W기업의 신입사원 채용 공고이다. 매뉴얼을 보고 물음에 답하시오.

신입사원 채용 공고
• 부서별 인원 TO

기획팀	HR팀	재무팀	총무팀	해외사업팀	영업팀
0	1	2	2	3	1

• 공통 요건
1. 지원자의 지원부서 외 타부서에서의 채용 불가
2. 학점 3.8 이상 / TOEIC 890 이상 우대
3. 4년제 수도권 대학 졸업 우대
• 부서별 요건
1. 해외사업팀 – 3개 국어 가능자
2. 영업팀 – 운전가능자

41 다음 신입사원 채용 매뉴얼로 보아 입사가능성이 가장 높은 사람은?

	이름	지원부서	학점	TOEIC	외국어회화	운전면허
①	갑	기획팀	4.3	910	프랑스어	무
②	을	영업팀	3.9	830	영어, 이탈리아어	무
③	병	해외사업팀	4.1	900	독일어	유
④	정	총무팀	4.0	890	일본어, 중국어	무
⑤	무	기획팀	3.8	900	영어, 프랑스어	유

42 다음 보기의 내용 중 적절하지 않은 것을 고르면?

① W기업은 올해 총 9명의 신입사원을 채용할 계획이다.
② TOEIC 890 이하인 지원자는 입사가 불가하다.
③ 가장 TO가 많은 부서는 해외사업팀이다.
④ 공통요건에 해당하더라도 지원부서의 요건에 맞지 아니하면 합격이 불가하다.
⑤ 4년제 수도권 대학을 졸업하지 않았더라도 지원을 할 수 있다.

43 다음 글과 〈조건〉을 근거로 판단할 때, 중국으로 출장 가는 사람으로 짝지어진 것은?

C회사에서는 업무상 외국 출장이 잦은 편이다. 인사부 A씨는 매달 출장 갈 직원들을 정하는 업무를 맡고 있다. 이번 달에는 총 4국가로 출장을 가야 하며 인원은 다음과 같다.

미국	영국	중국	일본
1명	4명	3명	4명

출장을 갈 직원은 이과장, 김과장, 신과장, 류과장, 임과장, 장과장, 최과장이 있으며, 개인별 출장 가능한 국가는 다음과 같다.

국가＼직원	이과장	김과장	신과장	류과장	임과장	장과장	최과장
미국	○	×	○	×	×	×	×
영국	○	×	○	○	○	×	×
중국	×	○	○	○	○	×	○
일본	×	×	○	×	○	○	○

※ ○ : 출장 가능, × : 출장 불가능
※ 어떤 출장도 일정이 겹치진 않는다.

〈조건〉

• 한 사람이 두 국가까지만 출장 갈 수 있다.
• 모든 사람은 한 국가 이상 출장을 가야 한다.

---

① 김과장, 최과장, 류과장
② 김과장, 신과장, 류과장
③ 신과장, 류과장, 임과장
④ 김과장, 임과장, 최과장
⑤ 신과장, 김과장, 임과장

44 이 대리는 계약 체결을 위해 부산에 2시까지 도착해서 미팅을 하러 간다. 집에서 기차역까지 30분, 고속버스터미널까지 15분이 걸린다. 교통비와 스케줄이 다음과 같을 때, 이 대리의 선택은 무엇인가? (단, 비용이 저렴한 것을 우선순위로 둔다.)

방법	출발 시간	환승 시간	이동 시간	미팅 장소까지 걷는 시간	비용(원)
㉠기차	8 : 25	(없음)	5시간		10만
㉡고속버스－버스	7 : 20	10분	6시간		7만 2천
㉢기차－버스	7 : 25	20분	5시간 30분	10분	10만 2천
㉣고속버스	8 : 05	(없음)	5시간 25분		7만
㉤고속비스－기차	7 : 30	15분	6시간 10분		8만

① ㉠   ② ㉡

③ ㉢   ④ ㉣

⑤ ㉤

45 정이는 집에서 출발하여 학교, 병원, 도서관을 갔다가 마지막에 다시 집으로 온다고 한다. 이때 정이가 이동하는 최소 길이는 몇 km인가? (단, 집을 제외한 나머지 장소는 한 번만 간다.)

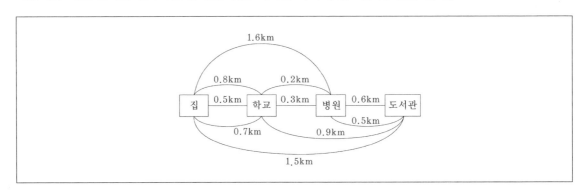

① 5.1km   ② 4.5km

③ 4.2km   ④ 2.7km

⑤ 1.5km

다음을 바탕으로 물음에 답하시오.

- 갑과 을은 닭을 키우는 농장에서 일을 한다.
- 농장은 A~D의 4개 구역이며, 닭들은 자유롭게 다른 구역을 갈 수 있다.
- 갑과 을은 닭을 관리하기 위해 구역별 닭의 수를 파악하고 있어야 하는데, 닭들이 계속 이동을 하기 때문에 정확히 파악하는 데 어려움을 겪고 있다.
- 결국 갑과 을은 시간별로 닭의 수를 기록하기로 했다. 갑은 특정 시간 특정 구역의 닭의 수만을 기록하고, 을은 닭이 구역을 넘나들 때마다 그 시간과 그때 이동한 닭의 수를 기록하기로 하였다.
- 갑과 을이 같은 날 오전 9시부터 10시 30분까지 작성한 기록은 다음과 같으며 ㉠~㉣을 제외한 모든 기록은 정확하다.

갑의 기록			을의 기록		
시간	구역	닭의 수	시간	이동	닭의 수
9:10	B	17	9:05	C→B	3
9:25	A	21	9:17	C→A	2
9:40	C	8	9:20	D→B	5
9:55	D	11	9:41	A→D	1
10:03	A	㉠ 21	9:57	B→D	4
10:14	B	㉡ 18	10:00	A→C	1
10:26	C	㉢ 12	10:01	D→A	3
10:30	D	㉣ 10	10:28	D→C	2

46 ㉠~㉣ 중 옳게 기록된 것만 고른 것은?

① ㉠㉡
② ㉠㉢
③ ㉡㉢
④ ㉡㉣
⑤ ㉠㉡㉢

47 농장에서 키우는 닭은 총 몇 마리인가?

① 65마리 ② 64마리

③ 63마리 ④ 62마리

⑤ 61마리

▌48~49 ▌ 공장 주변지역의 농경수 오염에 책임이 있는 기업이 총 70억 원의 예산을 가지고 피해 현황 심사와 보상을 진행한다고 한다. 다음 글을 읽고 물음에 답하시오.

총 500건의 피해가 발생했고, 기업측에서는 실제 피해 현황을 심사하여 보상하기로 하였다. 심사에 소요되는 비용은 보상 예산에서 사용한다. 심사를 통해 좀 더 정확한 피해 규모를 파악할 수 있지만, 그에 따라 소요되는 비용 또한 증가하게 된다.

	1일째	2일째	3일째	4일째
일별 심사 비용(억 원)	0.5	0.7	0.9	1.1
일별 보상대상 제외건수	50	45	40	35

• 보상금 총액＝예산－심사 비용
• 표는 누적수치가 아닌, 하루에 소요되는 비용을 말함
• 일별 심사 비용은 매일 0.2억씩 증가하고 제외건수는 매일 5건씩 감소함
• 제외건수가 0이 되는 날, 심사를 중지하고 보상금을 지급함

48 기업측이 심사를 중지하는 날까지 소요되는 일별 심사 비용은 총 얼마인가?

① 15억 원 ② 15.5억 원

③ 16억 원 ④ 16.5억 원

⑤ 17억 원

49 심사를 중지하고 총 500건에 대해서 보상을 한다고 할 때, 보상대상자가 받는 건당 평균 보상금은 얼마인가?

① 1,870만 원

② 1,600만 원

③ 1,470만 원

④ 1,200만 원

⑤ 1,070만 원

50 다음은 어느 회사의 성과상여금 지급기준이다. 다음 기준에 따를 때 성과상여금을 가장 많이 받는 사원과 가장 적게 받는 사원의 금액 차이는 얼마인가?

<성과상여금 지급기준>

지급원칙
• 성과상여금은 적용대상사원에 대하여 성과(근무성적, 업무난이도, 조직기여도의 평점 합) 순위에 따라 지급한다.

성과상여금 지급기준액

5급 이상	6급~7급	8급~9급	계약직
500만 원	400만 원	200만 원	200만 원

지급등급 및 지급률

• 5급 이상

지급등급	S등급	A등급	B등급	C등급
성과 순위	1위	2위	3위	4위 이하
지급률	180%	150%	120%	80%

• 6급 이하 및 계약직

지급등급	S등급	A등급	B등급
성과 순위	1위~2위	3~4위	5위 이하
지급률	150%	130%	100%

지급액 산정방법
개인별 성과상여금 지급액은 지급기준액에 해당등급의 지급율을 곱하여 산정한다.

〈소속사원 성과 평점〉

사원	평점			직급
	근무성적	업무난이도	조직기여도	
수현	8	5	7	계약직
이현	10	6	9	계약직
서현	8	8	6	4급
진현	5	5	8	5급
준현	9	9	10	6급
지현	9	10	8	7급

① 260만 원
② 340만 원
③ 400만 원
④ 450만 원
⑤ 500만 원

▌51~52▐ 다음은 어느 디지털 캠코더의 사용설명서이다. 이를 읽고 물음에 답하시오.

고장신고 전 확인사항

캠코더에 문제가 있다고 판단될 시 다음 사항들을 먼저 확인해 보시고 그래도 문제해결이 되지 않을 경우 가까운 A/S센터를 방문해 주세요.

1. 배터리 관련

화면표시	원인	조치 및 확인사항
배터리 용량이 부족합니다.	배터리가 거의 소모되었습니다.	충전된 배터리로 교체하거나 전원공급기를 연결하세요.
정품 배터리가 아닙니다.	배터리의 정품여부를 확인할 수 없습니다.	배터리가 정품인지 확인 후 새 배터리로 교체하세요.

2. 동영상 편집

화면표시	원인	조치 및 확인사항
다른 해상도는 선택할 수 없습니다.	서로 다른 해상도의 동영상은 합쳐지지 않습니다.	서로 다른 해상도의 동영상은 합치기 기능을 사용할 수 없습니다.
메모리 카드 공간이 충분하지 않습니다.	편집 시 사용할 메모리 카드의 공간이 부족합니다.	불필요한 파일을 삭제한 후 편집기능을 실행하세요.
합치기를 위해 2개의 파일만 선택해 주세요.	합치기 기능은 2개의 파일만 가능합니다.	먼저 2개의 파일을 합친 후 나머지 파일을 합쳐주세요. 단, 총 용량이 1.8GB 이상일 경우 합치기는 불가능합니다.
파일의 크기가 1.8GB가 넘습니다.	총 용량이 1.8GB 이상인 파일은 합치기가 불가능합니다.	파일 나누기 기능을 실행하여 불필요한 부분을 제거한 후 합치기를 실행하세요.

3. 촬영관련

화면표시	원인	조치 및 확인사항
쓰기 실패하였습니다.	저장매체에 문제가 있습니다.	• 데이터 복구를 위해 기기를 껐다가 다시 켜세요. • 중요한 파일은 컴퓨터에 복사한 후 저장매체를 포맷하세요.
스마트 오토 기능을 해제해 주세요.	스마트 오토 기능이 실행 중일 때는 일부 기능을 수동으로 설정할 수 없습니다.	스마트 오토 모드를 해제하세요.

51 캠코더를 사용하다가 갑자기 화면에 '메모리 카드 공간이 충분하지 않습니다.'라는 문구가 떴다. 이를 해결하는 방법으로 가장 적절한 것은?

① 스마트 오토 모드를 해제한다.
② 불필요한 파일을 삭제한 후 편집기능을 실행한다.
③ 충전된 배터리로 교체하거나 전원공급기를 연결한다.
④ 중요한 파일은 컴퓨터에 복사한 후 저장매체를 포맷한다.
⑤ 파일 나누기 기능을 실행한다.

52 캠코더 화면에 '쓰기 실패하였습니다.'라는 문구가 뜨면 어떻게 대처해야 하는가?

① 파일 나누기 기능을 실행하여 불필요한 부분을 제거한 후 합치기를 실행한다.

② 서로 다른 해상도의 동영상은 합치기 기능을 사용할 수 없다.

③ 배터리가 정품인지 확인 후 새 배터리로 교체한다.

④ 데이터 복구를 위해 기기를 껐다가 다시 켠다.

⑤ 스마트 오토 모드를 해제한다.

▌53~55▐ 다음은 어느 회사 로봇청소기의 〈고장신고 전 확인사항〉이다. 이를 보고 물음에 답하시오.

확인사항	조치방법
주행이 이상합니다.	• 센서를 부드러운 천으로 깨끗이 닦아주세요. • 초극세사 걸레를 장착한 경우라면 장착 상태를 확인해 주세요. • 주전원 스위치를 끈 후, 다시 켜주세요.
흡입력이 약해졌습니다.	• 흡입구에 이물질이 있는지 확인하세요. • 먼지통을 비워주세요. • 먼지통 필터를 청소해 주세요.
소음이 심해졌습니다.	• 먼지통이 제대로 장착되었는지 확인하세요. • 먼지통 필터가 제대로 장착되었는지 확인하세요. • 회전솔에 이물질이 끼어있는지 확인하세요. • Wheel에 테이프, 껌 등 이물이 묻었는지 확인하세요.
리모컨으로 작동시킬 수 없습니다.	• 배터리를 교환해 주세요. • 본체와의 거리가 3m 이하인지 확인하세요. • 본체 밑면의 주전원 스위치가 켜져 있는지 확인하세요.
회전솔이 회전하지 않습니다.	• 회전솔을 청소해 주세요. • 회전솔이 제대로 장착이 되었는지 확인하세요.
충전이 되지 않습니다.	• 충전대 주변의 장애물을 치워주세요. • 충전대에 전원이 연결되어 있는지 확인하세요. • 충전 단자를 마른 걸레로 닦아 주세요. • 본체를 충전대에 붙인 상태에서 충전대 뒷면에 있는 리셋버튼을 3초간 눌러 주세요.
자동으로 충전대 탐색을 시작합니다. 자동으로 전원이 꺼집니다.	로봇청소기가 충전 중이지 않은 상태로 아무 동작 없이 10분이 경과되면 자동으로 충전대 탐색을 시작합니다. 충전대 탐색에 성공하면 충전을 시작하고 충전대를 찾지 못하면 처음위치로 복귀하여 10분 후에 자동으로 전원이 꺼집니다.

53 로봇청소기 서비스센터에서 근무하고 있는 L씨는 고객으로부터 소음이 심해졌다는 문의전화를 받았다. 이에 대한 조치방법으로 L씨가 잘못 답변한 것은?

① 먼지통 필터가 제대로 장착되었는지 확인하세요.
② 회전솔에 이물질이 끼어있는지 확인하세요.
③ Wheel에 테이프, 껌 등 이물이 묻었는지 확인하세요.
④ 흡입구에 이물질이 있는지 확인하세요.
⑤ 먼지통이 제대로 장착되었는지 확인하세요.

54 로봇청소기가 충전 중이지 않은 상태로 아무 동작 없이 10분이 경과되면 자동으로 충전대 탐색을 시작하는데 충전대를 찾지 못하면 어떻게 되는가?

① 아무 동작 없이 그 자리에 멈춰 선다.
② 처음위치로 복귀하여 10분 후에 자동으로 전원이 꺼진다.
③ 계속 청소를 한다.
④ 계속 충전대를 찾아 돌아다닌다.
⑤ 그 자리에서 바로 전원이 꺼진다.

55 로봇청소기가 갑자기 주행이 이상해졌다. 고객이 시도해보아야 하는 조치방법으로 옳은 것은?

① 충전 단자를 마른 걸레로 닦는다.
② 회전솔을 청소한다.
③ 센서를 부드러운 천으로 깨끗이 닦는다.
④ 먼지통을 비운다.
⑤ 본체 밑면의 주전원 스위치를 켠다.

┃56~58┃ 다음 표를 참고하여 질문에 답하시오.

스위치	기능
☆	1번, 2번 기계를 180° 회전함
★	1번, 3번 기계를 180° 회전함
◇	2번, 3번 기계를 180° 회전함
◆	2번, 4번 기계를 180° 회전함

56 처음 상태에서 스위치를 두 번 눌렀더니 다음과 같이 바뀌었다. 어떤 스위치를 눌렀는가?

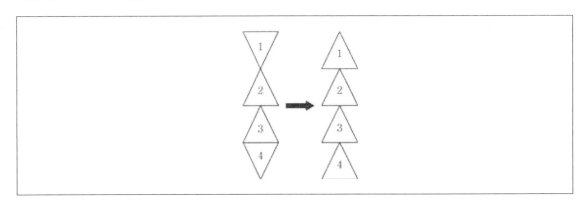

① ◇, ◆   ② ◇, ★

③ ★, ☆   ④ ★, ◆

⑤ ☆, ◆

57 처음 상태에서 스위치를 두 번 눌렀더니 다음과 같이 바뀌었다. 어떤 스위치를 눌렀는가?

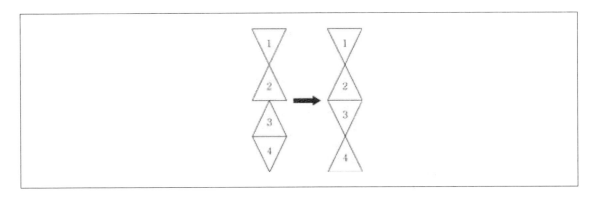

① ☆, ★   ② ☆, ◇

③ ◇, ◆   ④ ★, ◆

⑤ ★, ◇

58 처음 상태에서 스위치를 세 번 눌렀더니 다음과 같이 바뀌었다. 어떤 스위치를 눌렀는가?

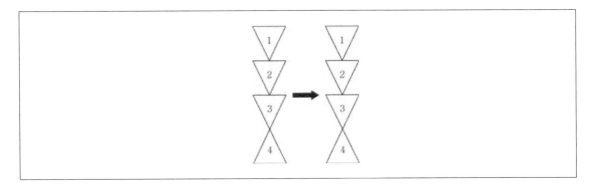

① ★, ◇, ◆   ② ☆, ◇, ◆

③ ☆, ★, ◆   ④ ☆, ★, ◇

⑤ ★, ◇, ☆

59 다음은 K사의 드론 사용 설명서이다. 아래 부품별 기능표를 참고할 때, 360도 회전비행을 하기 위하여 조작해야 할 버튼이 순서대로 알맞게 연결된 것은 어느 것인가?

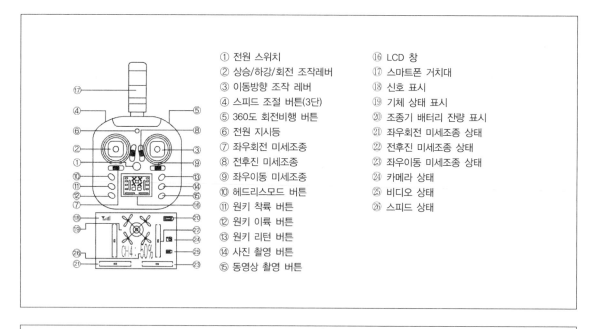

① 전원 스위치
② 상승/하강/회전 조작레버
③ 이동방향 조작 레버
④ 스피드 조절 버튼(3단)
⑤ 360도 회전비행 버튼
⑥ 전원 지시등
⑦ 좌우회전 미세조종
⑧ 전후진 미세조종
⑨ 좌우이동 미세조종
⑩ 헤드리스모드 버튼
⑪ 원키 착륙 버튼
⑫ 원키 이륙 버튼
⑬ 원키 리턴 버튼
⑭ 사진 촬영 버튼
⑮ 동영상 촬영 버튼

⑯ LCD 창
⑰ 스마트폰 거치대
⑱ 신호 표시
⑲ 기체 상태 표시
⑳ 조종기 배터리 잔량 표시
㉑ 좌우회전 미세조종 상태
㉒ 전후진 미세조종 상태
㉓ 좌우이동 미세조종 상태
㉔ 카메라 상태
㉕ 비디오 상태
㉖ 스피드 상태

360도 회전비행

팬토머는 360도 회전비행이 가능합니다.
드론이 앞/뒤/좌/우 방향으로 회전하므로
첫 회전 비행시 각별히 주의하세요.

(1) 넓고 단단하지 않은 바닥 위에서 비행하세요.
(2) 조종기의 '360도 회전비행' 버튼을 누른 후, 오른쪽 이동방향 조작 레버를 앞/뒤/좌/우 한 방향으로만 움직이세요.
(3) 360도 회전비행을 위해서는 충분한 연습이 필요합니다.

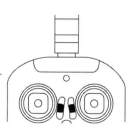

① ③번 버튼 - ⑤번 버튼
② ②번 버튼 - ⑤번 버튼
③ ⑤번 버튼 - ②번 버튼
④ ⑤번 버튼 - ③번 버튼
⑤ ⑦번 버튼 - ③번 버튼

60 다음은 매뉴얼의 종류 중 어느 것에 속하는가?

---

1. 지키지 않았을 경우 사용자가 부상을 당하거나 재산상의 손해를 입을 수 있습니다.
   - 전자 제품을 사용하는 곳에서는 제품을 주의하여 사용하세요. 대부분의 전자 제품은 전자파 신호를 사용하며 제품의 전자파로 인해 다른 전자 제품에 문제를 일으킬 수 있습니다.
   - 심한 매연이나 증기를 피하세요. 제품 외관이 훼손되거나 고장 날 수 있습니다.
   - 폭발 위험지역에서는 제품의 전원을 끄세요.
   - 폭발 위험지역 안에서는 배터리를 분리하지 말고 제품의 전원을 끄세요.
   - 폭발 위험지역 안의 규정, 지시사항, 신호를 지키세요.
   - 주유 중에는 제품 사용을 삼가세요.
2. 올바른 보관과 사용방법
   - 물기나 습기가 없는 건조한 곳에 두세요.
   - 습기 또는 액체 성분은 부품과 회로에 손상을 줄 수 있습니다.
   - 물에 젖은 경우 전원을 켜지 말고(켜져 있다면 끄고, 꺼지지 않는다면 그대로 두고, 배터리가 분리될 경우 배터리를 분리하고) 마른 수건으로 물기를 제거한 후 서비스 센터에 가져가세요.
   - 제품 또는 배터리가 물이나 액체 등에 젖거나 잠기면 제품 내부에 부착된 침수 라벨의 색상이 바뀝니다. 이러한 원인으로 발생한 고장은 무상 수리를 받을 수 없으므로 주의하세요.
   - 제품을 경사진 곳에 두거나 보관하지 마세요. 떨어질 경우 충격으로 인해 파손될 수 있으며 고장의 원인이 됩니다.
   - 제품을 동전, 열쇠, 목걸이 등의 금속 제품과 함께 보관하지 마세요.
   - 제품이 변형되거나 고장날 수 있습니다.
   - 배터리 충전 단자에 금속이 닿을 경우 화재의 위험이 있습니다.
   - 걷거나 이동 중에 제품을 사용할 때 주의하세요. 장애물 등에 부딪혀 다치거나 사고가 날 수 있습니다.
   - 제품을 뒷주머니에 넣거나 허리 등에 차지 마세요. 제품이 파손되거나 넘어졌을 때 다칠 수 있습니다.

---

① 제품매뉴얼
② 고객매뉴얼
③ 업무매뉴얼
④ 기술매뉴얼
⑤ 교육매뉴얼

1 다음의 괄호에 알맞은 한자성어는?

> 일을 하다 보면 균형과 절제가 필요하다는 것을 알게 된다. 일의 수행 과정에서 부분적 잘못을 바로 잡으려다 정작 일 자체를 뒤엎어 버리는 경우가 왕왕 발생하기 때문이다. 흔히 속담에 "빈대 잡으려다 초가삼간 태운다."라는 말은 여기에 해당할 것이다. 따라서 부분적 결점을 바로잡으려다 본질을 해치는 (   )의 어리석음을 저질러서는 안 된다.

① 개과불린(改過不吝)
② 경거망동(輕擧妄動)
③ 교각살우(矯角殺牛)
④ 부화뇌동(附和雷同)
⑤ 낭중지추(囊中之錐)

2 다음 문장들을 순서에 맞게 배열한 것을 고르시오.

> ㉠ 따라서 소비를 하기 전에 많은 정보를 수집하여 구입하려는 재화로부터 예상되는 편익을 정확하게 조사하여야 한다.
> ㉡ 그러나 일상적으로 사용하는 일부 재화를 제외하고는, 그 재화를 사용해 보기 전까지 효용을 제대로 알 수 없다.
> ㉢ 예를 들면, 처음 가는 음식점에서 주문한 음식을 실제로 먹어 보기 전까지는 음식 맛이 어떤지 알 수 없다.
> ㉣ 우리가 어떤 재화를 구입하는 이유는 그 재화를 사용함으로써 효용을 얻기 위함이다.

① ㉣㉡㉢㉠
② ㉡㉢㉠㉣
③ ㉢㉠㉡㉣
④ ㉠㉡㉢㉣
⑤ ㉡㉢㉣㉠

3 다음 글을 읽고 ㉠에 담긴 의미로 적절한 것을 고르시오.

> 　　최근 국제 시장에서 원유 가격이 가파르게 오르면서 세계 경제를 크게 위협하고 있다. 기름 한 방울 나지 않는 나라에 살고 있는 우리로서는 매우 어려운 상황이 아닐 수 없다. 에너지 자원을 적극적으로 개발하고, 다른 한편으로는 에너지 절약을 생활화해서 이 어려움을 슬기롭게 극복해야만 한다.
>
> 　　다행히 우리는 1970년대 초부터 원자력 발전소 건설을 적극적으로 추진해 왔다. 그 결과 현재 원자력 발전소에서 생산하는 전력이 전체 전력 생산량의 약 40%를 차지하고 있다. 원자력을 주요 에너지 자원으로 활용함으로써 우리는 석유, 석탄, 가스와 같은 천연 자원에 대한 의존도를 어느 정도 낮출 수 있게 되었다.
>
> 　　그러나 그 정도로는 턱없이 부족하다. 전체 에너지 자원의 97%를 수입하는 우리는 절약을 생활화하지 않으면 안 된다. 하지만 국민들은 아직도 '설마 전기가 어떻게 되랴'하는 막연한 생각을 하면서 살고 있다. 한여름에도 찬 기운을 느낄 정도로 에어컨을 켜 놓은 곳도 많다. 이것은 지나친 에너지 낭비이다. 여름철 냉방 온도를 1도만 높이면 약 2조 5천억원의 건설비가 들어가는 원자로 1기를 덜 지어도 된다. ㉠'절약이 곧 생산'인 것이다.
>
> 　　에너지를 절약하는 방법에는 여러 가지가 있다. 가까운 거리는 걸어서 다니기, 승용차 대신 대중교통이나 자전거 이용하기, 에너지 절약형 가전제품 쓰기, 승용차 요일제 참여하기, 적정 냉·난방 온도 지키기, 사용하지 않는 가전제품의 플러그 뽑기 등이 모두 에너지를 절약하는 방법이다.
>
> 　　또, 에너지 절약 운동은 일회성으로 그쳐서는 안 된다. 그것은 반복적이고 지속적으로 실천해야만 할 과제이다. 국가적 어려움을 극복하기 위해 얼마간의 개인적 불편을 기꺼이 받아들이겠다는 마음가짐이 필요하다.
>
> 　　에너지 절약은 더 이상 선택 사항이 아니다. 그것은 생존과 직결되므로 반드시 실천해야 할 사항이다. 고유가 시대를 극복하기 위해서는 우리 모두 허리띠를 졸라매는 것 외에는 다른 방법이 없다. 당장 에어컨보다 선풍기를 사용해서 전기 절약을 생활화해 보자. 온 국민이 지혜를 모으고 에너지 절약에 적극적으로 동참한다면 우리는 이 어려움을 슬기롭게 극복할 수 있을 것이다.

① 절약은 절약일 뿐 생산과는 관련이 없다.

② 절약을 하게 되면 생산이 감소한다.

③ 절약하면 불필요한 생산을 하지 않아도 된다.

④ 절약으로 전력 생산량을 증가시킨다.

⑤ 생산을 줄이면 절약하게 된다.

4 다음 글은 합리적 의사결정을 위해 필요한 절차적 조건 중의 하나에 관한 설명이다. 다음 보기 중 이 조건을 위배한 것끼리 묶은 것은?

합리적 의사결정을 위해서는 정해진 절차를 충실히 따르는 것이 필요하다. 고도로 복잡하고 불확실하나 문제상황 속에서 결정의 절차가 합리적이기 위해서는 다음과 같은 조건이 충족되어야 한다.

〈조건〉

정책결정 절차에서 논의되었던 모든 내용이 결정절차에 참여하지 않은 다른 사람들에게 투명하게 공개되어야 한다. 그렇지 않으면 이성적 토론이 무력해지고 객관적 증거나 논리 대신 강압이나 회유 등의 방법으로 결론이 도출되기 쉽기 때문이다.

〈보기〉

㉠ 심의에 참여한 분들의 프라이버시 보호를 위해 오늘 회의의 결론만 간략히 알려드리겠습니다.

㉡ 시간이 촉박하니 회의 참석자 중에서 부장급 이상만 발언하도록 합시다.

㉢ 오늘 논의하는 안건은 매우 민감한 사안이니만큼 비참석자에게는 그 내용을 알리지 않을 것입니다. 그러니 회의자료 및 메모한 내용도 두고 가시기 바랍니다.

㉣ 우리가 외부에 자문을 구한 박사님은 이 분야의 최고 전문가이기 때문에 참석자 간의 별도 토론 없이 박사님의 의견을 그대로 채택하도록 합시다.

㉤ 오늘 안건은 매우 첨예한 이해관계가 걸려 있으니 상대방에 대한 반론은 자제해주시고 자신의 주장만 말씀해주시기 바랍니다.

① ㉠, ㉡

② ㉠, ㉢

③ ㉢, ㉣

④ ㉢, ㉤

⑤ ㉣, ㉤

5 다음 글의 내용을 참고할 때, 빈 칸에 들어갈 가장 적절한 말은 어느 것인가?

사람을 비롯한 포유류에서 모든 피를 만드는 줄기세포는 뼈에 존재한다. 그러나 물고기의 조혈 줄기세포(조혈모세포)는 신장에 있다. 신체의 특정 위치 즉 '조혈 줄기세포 자리(blood stem cell niche)'에서 피가 만들어진다는 사실을 처음 알게 된 1970년대 이래, 생물학자들은 생물들이 왜 서로 다른 부위에서 이 기능을 수행하도록 진화돼 왔는지 궁금하게 여겨왔다. 그 40년 뒤, 중요한 단서가 발견됐다. 조혈 줄기세포가 위치한 장소는 (   ) 진화돼 왔다는 사실이다.

이번에 발견된 '조혈 줄기세포 자리' 퍼즐 조각은 조혈모세포 이식의 안전성을 증진시키는데 도움이 될 것으로 기대된다. 연구팀은 실험에 널리 쓰이는 동물모델인 제브라피쉬를 관찰하다 영감을 얻게 됐다.

프리드리히 카프(Friedrich Kapp) 박사는 "현미경으로 제브라피쉬의 조혈 줄기세포를 관찰하려고 했으나 신장 위에 있는 멜라닌세포 층이 시야를 가로막았다"고 말했다. 멜라닌세포는 인체 피부 색깔을 나타내는 멜라닌 색소를 생성하는 세포다.

카프 박사는 "신장 위에 있는 멜라닌세포의 모양이 마치 파라솔을 연상시켜 이 세포들이 조혈줄기세포를 자외선으로부터 보호해 주는 것이 아닐까 하는 생각을 하게 됐다"고 전했다. 이런 생각이 들자 카프 박사는 정상적인 제브라피쉬와 멜라닌세포가 결여된 변이 제브라피쉬를 각각 자외선에 노출시켰다. 그랬더니 변이 제브라피쉬의 조혈 줄기세포가 줄어드는 현상이 나타났다. 이와 함께 정상적인 제브라피쉬를 거꾸로 뒤집어 자외선을 쬐자 마찬가지로 줄기세포가 손실됐다.

이 실험들은 멜라닌세포 우산이 물리적으로 위에서 내리쬐는 자외선으로부터 신장을 보호하고 있다는 사실을 확인시켜 주었다.

---

① 줄기세포가 햇빛과 원활하게 접촉할 수 있도록
② 줄기세포에 일정한 양의 햇빛이 지속적으로 공급될 수 있도록
③ 멜라닌 색소가 생성되기에 최적의 공간이 형성될 수 있도록
④ 멜라닌세포 층과 햇빛의 반응이 최소화될 수 있도록
⑤ 햇빛의 유해한 자외선(UV)으로부터 이 줄기세포를 보호하도록

6 다음 글의 문맥상 빈 칸 ㈎에 들어갈 가장 적절한 말은 어느 것인가?

여름이 빨리 오고 오래 가다보니 의류업계에서 '쿨링'을 컨셉으로 하는 옷들을 앞다퉈 내놓고 있다. 그물망 형태의 옷감에서 냉감(冷感)을 주는 멘톨(박하의 주성분)을 포함한 섬유까지 접근방식도 제각각이다. 그런데 가까운 미래에는 미생물을 포함한 옷이 이 대열에 합류할지도 모르겠다. 박테리아 같은 미생물은 여름철 땀냄새의 원인이라는데 어떻게 옷에 쓰일 수 있을까.

생물계에서 흡습형태변형은 널리 관찰되는 현상이다. 솔방울이 대표적인 예로 습도가 높을 때는 비늘이 닫혀있어 표면이 매끈한 덩어리로 보이지만 습도가 떨어지면 비늘이 삐죽삐죽 튀어나온 형태로 바뀐다. 밀이나 보리의 열매(낟알) 끝에 달려 있는 까끄라기도 습도가 높을 때는 한 쌍이 거의 나란히 있지만 습도가 낮아지면 서로 벌어진다. 이런 현상은 한쪽 면에 있는 세포의 길이(크기)가 반대 쪽 면에 있는 세포에 비해 습도에 더 민감하게 변하기 때문이다. 즉 습도기 낮아저 세포 길이가 짧아지면 그쪽 면을 향해 휘어지는 것이다.

MIT의 연구자들은 미생물을 이용해서도 이런 흡습형태변형을 구현할 수 있는지 알아보기로 했다. 즉 습도에 영향을 받지 않는 재질인 천연라텍스 천에 농축된 대장균 배양액을 도포해 막을 형성했다. 대장균은 별도의 접착제 없이도 소수성 상호작용으로 라텍스에 잘 달라붙는다. 라텍스 천의 두께는 150~500μm(마이크로미터. 1μm는 100만분의 1m)이고 대장균 막의 두께는 1~5μm다. 이 천을 상대습도 15%인 건조한 곳에 두자 대장균 세포에서 수분이 빠져나가며 대장균 막이 도포된 쪽으로 휘어졌다. 이 상태에서 상대습도 95%인 곳으로 옮기자 천이 서서히 펴지며 다시 평평해졌다. 이 과정을 여러 차례 반복해도 같은 현상이 재현됐다.

연구자들은 원자힘현미경(AFM)으로 대장균 막을 들여다봤고 상대습도에 따라 크기(부피)가 변한다는 사실을 확인했다. 즉 건조한 곳에서는 대장균 세포부피가 30% 정도 줄어드는데 이 효과가 천에서 세포들이 나란히 배열된 쪽을 수축시키는 현상으로 나타나 그 방향으로 휘어지는 것이다. 연구자들은 이런 흡습형태변형이 대장균만의 특성인지 미생물의 일반 특성인지 알아보기 위해 몇 가지 박테리아와 단세포 진핵생물인 효모에 대해서도 같은 실험을 해봤다. 그 결과 정도의 차이는 있었지만 패턴은 동일했다.

다음으로 연구자들은 양쪽 면에 미생물이 코팅된 천이 쿨링 소재로 얼마나 효과적인지 알아보기로 했다. 연구팀은 흡습형태변형이 효과를 낼 수 있도록 독특한 형태로 옷을 디자인했다. 즉, (㈎)

그 결과 공간이 생기면서 땀의 배출을 돕는다. 측정 결과 미생물이 코팅된 천으로 만든 옷을 입을 경우 같은 형태의 일반 천으로 만든 옷에 비해 피부 표면 공기의 온도가 2도 정도 낮아 쿨링 효과가 있는 것으로 나타났다.

① 체온이 높은 등 쪽으로 천이 휘어지게 되는 성질을 이용해 평상시에는 옷이 바깥쪽으로 더 튀어나 오도록 디자인했다.

② 미생물이 코팅된 천이 땀으로 인한 습도의 영향을 잘 받을 수 있도록 옷의 안쪽 면에 부착하여 옷의 바깥쪽과는 완전히 다른 환경을 유지할 수 있도록 디자인했다.

③ 땀이 많이 나는 등 쪽에 칼집을 낸 형태로 만들어 땀이 안 날 때는 평평하다가 땀이 나면 피부 쪽 면의 습도가 높아져 미생물이 팽창해 천이 바깥쪽으로 휘어지도록 디자인했다.

④ 땀이 나서 습도가 올라가면 등 쪽의 세포 길이가 짧아질 것을 고려해 천이 안쪽으로 휘어져 공간이 생길 수 있도록 디자인했다.

⑤ 땀이 흐르는 등과 천 사이에 일정한 공간이 유지될 수 있도록 천에 미생물 코팅 면을 부착해 공간 사이로 땀이 흘러내리며 쿨링 효과를 일으킬 수 있도록 디자인했다.

7 다음 글을 읽고 이 글에 대한 이해로 가장 적절한 것은?

법의 본질에 대해서는 많은 논의들이 있어 왔다. 그 오래된 것들 가운데 하나가 사회에 형성된 관습에서 그 본질을 파악하려는 견해이다. 관습이론에서는 이런 관습을 확인하고 재천명하는 것이 법이 된다고 본다. 곧 법이란 제도화된 관습이라고 보는 것이다. 관습을 재천명하는 역할은 원시 사회라면 족장 같은 권위자가, 현대 법체계에서는 사법기관이 수행할 수 있다. 입법기관에서 이루어지는 제정법 또한 관습을 확인한 결과이다. 예를 들면 민법의 중혼 금지 조항은 일부일처제의 사회적 관습에서 유래하였다고 설명한다. 나아가 사회의 문화와 관습에 어긋나는 법은 성문화되어도 법으로서의 효력이 없으며, 관습을 강화하는 법이어야 제대로 작동할 수 있다고 주장한다. 성문법이 관습을 변화시킬 수 없다는 입장을 취하는 것이다.

법을 사회구조의 한 요소로 보고 그 속에서 작용하는 기능에서 법의 본질을 찾으려는 구조이론이 있다. 이 이론에서는 관습이론이 법을 단순히 관습이나 문화라는 사회적 사실에서 유래한다고 보는데 대해 규범을 정의하는 개념으로 규범을 설명하는 오류라 지적한다. 구조이론에서는 교환의 유형, 권력의 상호관계, 생산과 분배의 방식, 조직의 원리들이 모두 법의 모습을 결정하는 인자가 된다. 이처럼 법은 구조화의 결과물이며, 이 구조를 유지하고 운영할 수 있는 합리적 방책이 필요하기에 도입한 것이다. 따라서 구조이론에서는 상이한 법 현상을 사회 구조의 차이에 따른 것으로 설명한다. 1921년 팔레스타인 지역에 세워진 모샤브 형태의 정착촌 A와 키부츠 형태의 정착촌 B는 초지와 인구의 규모가 비슷한 데다, 토지 공유를 바탕으로 동종의 작물을 경작하였고, 정치적 성향도 같았다. 그런데도 법의 모습은 서로 판이했다. A에서는 공동체 규칙을 강제하는 사법위원회가 성문화된 절차에 따라 분쟁을 처리하고 제재를 결정하였지만, B에는 이러한 기구도, 성문화된 규칙이나 절차도 없었다. 구조이론은 그 차이를 이렇게 분석한다. B에서는 공동 작업으로 생산된 작물을 공동 소유하는 형태를 지니고 있어서 구성원들 사이의 친밀성이 높고 집단 규범의 위반자를 곧바로 직접 제재할 수 있었다. 하지만 작물의 사적 소유가 인정되는 A에서는 구성원이 독립적인 생활 방식을 바탕으로 살아가기 때문에 비공식적인 규율로는 충분하지 않고 공식적인 절차와 기구가 필요했다.

법의 존재 이유가 사회 전체의 필요라는 구조이론의 전제에 의문을 제기하면서, 법과 제도로 유지되고 심화되는 불평등에 주목하여야 한다는 갈등이론도 등장한다. 갈등이론에서 법은 사회적 통합을 위한 합의의 산물이 아니라, 지배 집단의 억압 구조를 유지·강화하여 자신들의 이익을 영위하려는 하나의 수단이라고 주장한다. 19세기 말 미국에서는 아동의 노동을 금지하는 아동 노동 보호법을 만들려고 노력하여 20세기 초에 제정을 보았다. 이것은 문맹, 건강 악화, 도덕적 타락을 야기하는 아동 노동에 대한 개혁 운동이 수십 년간 지속된 결과이다. 이에 대해 관습이론에서는 아동과 가족생활을 보호하여야 한다는 미국의 전통적 관습을 재확인하는 움직임이라고 해석할 것이다. 구조이론에서는 이러한 법 제정을 사회구조가 균형을 이루는 과정으로 설명하려 할 것이다 하지만 갈등이론에서는 법 제정으로 말미암아 값싼 노동력에 근거하여 생존하는 소규모 기업이 대거 실종되었다는 점, 개혁 운동의 많은 지도자들이 대기업 사장의 부인들이었고 운동 기금도 대기업의 기부에 많이 의존하였다는 점을 지적한다.

이론 상호 간의 비판도 만만찮다. 관습이론은 비합리적이거나 억압적인 사회·문화적 관행을 합리화해 준다는 공격을 받는다. 구조이론은 법의 존재 이유가 사회적 필요에서 나온다는 단순한 가정을 받아들이는 것일 뿐이고, 갈등이론은 편향적 시각으로 흐를 수 있을 것이라고 비판받는다.

① 관습이론은 지배계급의 이익을 위한 억압적 체계를 합리화한다는 비판을 받는다.

② 구조이론은 법이 그런 모습을 띠는 이유보다는 법이 발생하는 기원을 알려 주려 한다.

③ 구조이론은 규범을 정의하는 개념으로 규범을 설명하기 때문에 논리적 문제가 있다고 공격을 받는다.

④ 갈등이론은 사회관계에서의 대립을 해소하는 역할에서 법의 기원을 찾는다.

⑤ 갈등이론은 법 현상에 대한 비판적 접근을 통해 전체로서의 사회적 이익을 유지하는 기능적 체계를 설명한다.

8 다음 글을 비판하는 내용으로 적절하지 못한 것은?

　　사이버공간은 관계의 네트워크이다. 사이버공간은 광섬유와 통신위성 등에 의해 서로 연결된 컴퓨터들의 물리적인 네트워크로 구성되어 있다. 그러나 사이버공간이 물리적인 연결만으로 이루어지는 것은 아니다. 사이버공간을 구성하는 많은 관계들은 오직 소프트웨어를 통해서만 실현되는 순전히 논리적인 연결이기 때문이다. 양쪽 차원 모두에서 사이버공간의 본질은 관계적이다.

　　인간 공동체 역시 관계의 네트워크에 위해 결정된다. 가족끼리의 혈연적인 네트워크, 친구들 간의 사교적인 네트워크, 직장 동료들 간의 직업적인 네트워크 등과 같이 인간 공동체는 여러 관계들에 의해 중첩적으로 연결되어 있다.

　　사이버공간과 마찬가지로 인간의 네트워크도 물리적인 요소와 소프트웨어적 요소를 모두 가지고 있다. 예컨대 건강관리 네트워크는 병원 건물들의 물리적인 집합으로 구성되어 있지만, 동시에 환자를 추천해주는 전문가와 의사들 간의 비물질적인 네트워크에 크게 의존한다.

　　사이버공간을 유지하려면 네트워크 간의 믿을 만한 연결을 유지하는 것이 결정적으로 중요하다. 다시 말해, 사이버공간 전체의 힘은 다양한 접속점들 간의 연결을 얼마나 잘 유지하느냐에 달려 있다. 이것은 인간 공동체의 힘 역시 접속점 즉 개인과 개인, 다양한 집단과 집단 간의 견고한 관계 유지에 달려 있다는 점을 보여준다. 사이버공간과 마찬가지로 인간의 사회 공간도 공동체를 구성하는 네트워크의 힘과 신뢰도에 결정적으로 의존한다.

---

① 사이버공간의 익명성이 인간 공동체에 위협이 될 수도 있음을 지적한다.

② 유의미한 비교를 하기에는 양자 간의 차이가 너무 크다는 것을 보여준다.

③ 네트워크의 개념이 양자의 비교 근거가 될 만큼 명확하지 않다는 것을 보여준다.

④ 사이버공간과 인간 공동체 간에 있다고 주장된 유사성이 실제로는 없음을 보여준다.

⑤ 사이버공간과 인간 공동체의 공통점으로 거론된 네트워크라는 속성이 유비추리를 뒷받침할 만한 적합성을 갖추지 못했음을 보여준다.

9 다음 글의 내용과 상충하는 것을 모두 고른 것은?

17, 18세기에 걸쳐 각 지역 양반들에 의해 서원이나 사당 건립이 활발하게 진행되었다. 서원이나 사당 대부분은 일정 지역의 유력 가문이 주도하여 자신들의 지위를 유지하고 지역 사회에서 영향력을 행사하는 구심점으로 건립·운영되었다.

이러한 경향은 향리층에게도 파급되어 18세기 후반에 들어서면 안동, 충주, 원주 등에서 향리들이 사당을 신설하거나 중창 또는 확장하였다. 향리들이 건립한 사당은 양반들이 건립한 것에 비하면 얼마 되지 않는다. 하지만 향리들에 의한 사당 건립은 향촌사회에서 향리들의 위세를 짐작할 수 있는 좋은 지표이다.

향리들이 건립한 사당은 그 지역 향리 집단의 공동노력으로 건립한 경우도 있지만, 대부분은 향리 일족 내의 특정한 가계(家系)가 중심이 되어 독자적으로 건립한 것이었다. 이러한 사당은 건립과 운영에 있어서 향리 일족 내의 특정 가계의 이해를 반영하고 있는데, 대표적인 것으로 경상도 거창에 건립된 창충사(彰忠祠)를 들 수 있다.

창충사는 거창의 여러 향리 가운데 신씨가 중심이 되어 세운 사당이다. 영조 4년(1728) 무신란(戊申亂)을 진압하다가 신씨 가문의 다섯 향리가 죽는데, 이들을 추모하기 위해 무신란이 일어난 지 50년이 되는 정조 2년(1778)에 건립되었다. 처음에는 죽은 향리의 자손들이 힘을 모아 사적으로 세웠으나, 10년 후인 정조 12년에 국가에서 제수(祭需)를 지급하는 사당으로 승격하였다.

원래 무신란에서 죽은 향리 중 신씨는 일곱 명이며, 이들의 공로는 모두 비슷하였다. 하지만 두 명의 신씨는 사당에 모셔지지 않았고, 관직이 추증되지도 않았다. 창충사에 모셔진 다섯 명의 향리는 모두 그 직계 자손의 노력에 의한 것이었고, 국가로부터의 포상도 이들의 노력에 의한 것이었다. 반면 두 명의 자손들은 같은 신씨임에도 불구하고 가세가 빈약하여 향촌사회에서 조상을 모실 만큼 힘을 쓸 수 없었다. 향리사회를 주도해 가는 가계는 독점적인 위치를 확고하게 구축하려고 노력하였으며, 사당의 건립은 그러한 노력의 산물이었다.

ㄱ 창충사는 양반 가문이 세운 사당이다.
ㄴ 양반보다 향리가 세운 사당이 더 많다.
ㄷ 양반뿐 아니라 향리가 세운 서원도 존재하였다.
ㄹ 창충사에 모셔신 신씨 가문의 향리는 다섯 명이다.

① ㄱㄴ
② ㄱㄹ
③ ㄷㄹ
④ ㄱㄴㄷ
⑤ ㄴㄷㄹ

10 다음 글에서 추론할 수 있는 내용으로 옳은 것만을 고른 것은?

예술과 도덕의 관계, 더 구체적으로는 예술작품의 미적 가치와 도덕적 가치의 관계는 동서양을 막론하고 사상사의 중요한 주제들 중 하나이다. 그 관계에 대한 입장들로는 '극단적 도덕주의', '온건적 도덕주의', '자율성주의'가 있다. 이 입장들은 예술작품이 도덕적 가치판단의 대상이 될 수 있느냐는 물음에 각기 다른 대답을 한다.

극단적 도덕주의 입장은 모든 예술작품을 도덕적 가치판단의 대상으로 본다. 이 입장은 도덕적 가치를 가장 우선적인 가치이자 가장 포괄적인 가치로 본다. 따라서 모든 예술 작품은 도덕적 가치에 의해서 긍정적으로 또는 부정적으로 평가된다. 또한 도덕적 가치는 미적 가치를 비롯한 다른 가치들보다 우선한다. 이러한 입장을 대표하는 사람이 바로 톨스토이다. 그는 인간의 형제애에 관한 정서를 전달함으로써 인류의 심정적 통합을 이루는 것이 예술의 핵심적 가치라고 보았다.

온건적 도덕주의는 오직 일부 예술작품만이 도덕적 판단의 대상이 된다고 보는 입장이다. 따라서 일부의 예술작품들에 대해서만 긍정적인 또는 부정적인 도덕적 가치판단이 가능하다고 본다. 이 입장에 따르면, 도덕적 판단의 대상이 되는 예술작품의 도덕적 가치와 미적 가치는 서로 독립적으로 성립하는 것이 아니다. 그것들은 서로 내적으로 연결되어 있기 때문에 어떤 예술작품이 가지는 도덕적 장점이 그 예술작품의 미적 장점이 된다. 또한 어떤 예술작품의 도덕적 결함은 그 예술작품의 미적 결함이 된다.

자율성주의는 어떠한 예술작품도 도덕적 가치판단의 대상이 될 수 없다고 보는 입장이다. 이 입장에 따르면, 도덕적 가치와 미적 가치는 서로 자율성을 유지한다. 즉, 도덕적 가치와 미적 가치는 각각 독립적인 영역에서 구현되고 서로 다른 기준에 의해 평가된다는 것이다. 결국 자율성주의는 예술작품에 대한 도덕적 가치판단을 범주착오에 해당하는 것으로 본다.

ⓐ 자율성주의는 극단적 도덕주의와 온건한 도덕주의가 모두 범주착오를 범하고 있다고 볼 것이다.
ⓑ 극단적 도덕주의는 모든 도덕적 가치가 예술작품을 통해 구현된다고 보지만 자율성주의는 그렇지 않을 것이다.
ⓒ 온건한 도덕주의에서 도덕적 판단의 대상이 되는 예술작품들은 모두 극단적 도덕주의에서도 도덕적 판단의 대상이 될 것이다.

① ⓐ
② ⓑ
③ ⓐⓒ
④ ⓑⓒ
⑤ ⓐⓑⓒ

11 다음 숫자들의 배열 규칙을 찾아 "?"에 들어갈 알맞은 숫자를 고르시오.

| 15 | 18 | 13 | 20 | ? |

① 9   ② 11

③ 13   ④ 15

⑤ 17

12 그림과 같이 가로의 길이가 2, 세로의 길이가 1인 직사각형이 있다. 이 직사각형과 넓이가 같은 정사각형의 한 변의 길이는?

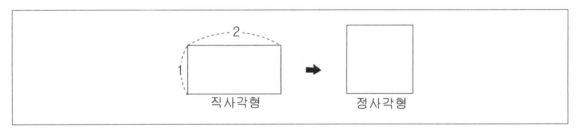

① $\sqrt{2}$ ② $\sqrt{3}$

③ 2   ④ 3

④ $\sqrt{5}$

13 소금물 300g에서 물 110g을 증발시킨 후 소금 10g을 더 녹였더니 농도가 처음 농도의 2배가 되었다. 처음 소금물의 농도는 얼마인가?

① 8%   ② 9%

③ 10%   ④ 11%

⑤ 12%

14 정수는 6명의 친구들과 저녁 식사를 했다. 평균 한 사람당 12,000원씩 낸 것과 같다면 친구들은 얼마씩 낸 것인가? (단, 정수가 음료수 값도 함께 계산하기로 하여 24,000원을 먼저 내고, 나머지 친구들은 동일한 금액으로 나누어 냈다.)

① 8,500원　　　　　　　　　　　② 9,000원

③ 9,500원　　　　　　　　　　　④ 10,000원

⑤ 10,500원

15 물통을 가득 채울 때 관 A의 경우 5시간, 관 B의 경우 7시간이 걸리고, 처음 1시간은 A관만 사용하여 물통에 물을 채우고, 이후의 시간동안은 A관과 B관을 동시에 사용하여 물통에 물을 채웠을 때, 물통에 물이 가득 찰 때까지 몇 시간이 걸리는가?

① 2시간 20분　　　　　　　　　　② 2시간 40분

③ 3시간 20분　　　　　　　　　　④ 3시간 40분

⑤ 4시간 20분

16 두 자리의 자연수에 대하여 각 자리의 숫자의 합은 11이고, 이 자연수의 십의 자리 숫자와 일의 자리 숫자를 바꾼 수의 3배 보다 5 큰 수는 처음 자연수와 같다고 한다. 처음 자연수의 십의 자리 숫자는?

① 9　　　　　　　　　　　　　　② 7

③ 5　　　　　　　　　　　　　　④ 3

⑤ 1

17 서원모바일은 이번에 회사에서 전략 마케팅으로 자동차가 가장 적게 운행되고 있는 도시에서 행사를 진행하기로 하였다. 다음 중 후보도시로 가장 적절한 곳은?

도시	인구수(만 명)	자동차 대수(만 명당)
Ⓐ	90	200
Ⓑ	70	250
Ⓒ	60	350
Ⓓ	50	400
Ⓔ	100	300

① Ⓐ   ② Ⓑ

③ Ⓒ   ④ Ⓓ

⑤ Ⓔ

18 다음은 지하가 없는 동일한 바닥면적을 가진 건물들에 관한 사항이다. 이 중 층수가 가장 높은 건물은?

건물	대지면적(m^2)	연면적(m^2)	건폐율(%)
A	400	1,200	50
B	300	840	70
C	300	1,260	60
D	400	1,440	60

※ 건축면적 = $\dfrac{건폐율 \times 대지면적}{100}$

※ 층수 = $\dfrac{연면적}{건축면적}$

① A   ② B

③ C   ④ D

⑤ A와 D

▌19~20 ▌ 다음의 상품설명서를 읽고 물음에 답하시오.

〈거래 조건〉

구분		금리
적용금리	모집기간 중	큰 만족 실세예금 1년 고시금리
	계약기간 중 중도해지	없음
	만기 후	원금의 연 0.10%
중도해지 수수료율(원금기준)	예치기간 3개월 미만	개인 원금의 0.38% 법인 원금의 0.38%
	예치기간 3개월 이상~6개월 미만	개인 원금의 0.29% 법인 원금의 0.30%
	예치기간 6개월 이상~9개월 미만	개인 원금의 0.12% 법인 원금의 0.16%
	예치기간 9개월 이상~12개월 미만	원금의 0.10%
이자지급방식		만기일시지급식
계약의 해지		영업점에서 해지 가능

〈유의사항〉

• 예금의 원금보장은 만기 해지 시에만 적용된다.
• 이 예금은 분할해지 할 수 없으며 중도해지 시 중도해지수수료 적용으로 원금손실이 발생할 수 있다. (중도해지수수료는 '가입금액×중도해지수수료율'에 의해 결정)
• 이 예금은 예금기간 중 지수가 목표지수변동률을 넘어서 지급금리가 확정되더라도 이자는 만기에만 지급한다.
• 지수상승에 따른 수익률(세전)은 실제 지수상승률에도 불구하고 연 4.67%를 최대로 한다.

19 석준이는 개인이름으로 최초 500만 원의 원금을 가지고 이 상품에 가입했다가 불가피한 사정으로 5개월 만에 중도해지를 했다. 이때 석준이의 중도해지 수수료는 얼마인가?

① 6,000원

② 8,000원

③ 14,500원

④ 15,000원

⑤ 19,000원

20 상원이가 이 예금에 가입한 후 증시 호재로 인해 지수가 약 29% 상승하였다. 이 경우 상원이의 최대 수익률은 연 몇 %인가? (단, 수익률은 세전으로 한다)

① 연 1.35%

② 연 4.67%

③ 연 14.5%

④ 연 21%

⑤ 연 29%

21 다음의 조건이 모두 참일 때, 반드시 참인 것을 고르시오.

> • 동호회 정모에 찬수가 참석하면 민희도 반드시 참석한다.
> • 지민이와 태수 중 적어도 한 명은 반드시 참석한다.
> • 저번 주 동호회 정모에서 지민이는 민희를 만났다.
> • 이번 주 동호회 정모에 지민이와 민희 둘 다 나오지 않았다.

① 찬수는 이번 주 동호회 모임에 나왔다.

② 태수는 저번 주 동호회 모임에 나왔다.

③ 찬수는 저번 주 동호회 모임에 나왔다.

④ 태수는 이번 주 동호회 모임에 나왔다.

⑤ 지민이는 이번 주 동호회 모임에 나왔다.

22 한 마을에 약국이 A, B, C, D, E 다섯 군데가 있다. 다음의 조건에 따를 때 문을 연 약국에 해당하는 곳이 바르게 나열된 것은?

> • A와 B 모두 문을 열지는 않았다.
> • A가 문을 열었다면, C도 문을 열었다.
> • A가 문을 열지 않았다면, B가 문을 열었거나 C가 문을 열었다.
> • C는 문을 열지 않았다.
> • D가 문을 열었다면, B가 문을 열지 않았다.
> • D가 문을 열지 않았다면, E도 문을 열지 않았다.

① A
② B
③ A, E
④ D, E
⑤ B, D, E

23 생일파티를 하던 미경, 진희, 소라가 케이크를 먹었는지에 대한 여부를 다음과 같이 이야기하였는데 이 세 명은 진실과 거짓을 한 가지씩 이야기 하였다. 다음 중 옳은 것은?

> 미경 : 나는 케이크를 먹었고, 진희는 케이크를 먹지 않았다.
> 진희 : 나는 케이크를 먹지 않았고, 소라도 케이크를 먹지 않았다.
> 소라 : 나는 케이크를 먹지 않았고, 진희도 케이크를 먹지 않았다.

① 미경이가 케이크를 먹었다면 소라도 케이크를 먹었다.
② 진희가 케이크를 먹었다면 미경이는 케이크를 먹지 않았다.
③ 미경이가 케이크를 먹지 않았다면 소라는 케이크를 먹었다.
④ 소라가 케이크를 먹었다면 미경이도 케이크를 먹었다.
⑤ 소라가 케이크를 먹지 않았다면 진희도 케이크를 먹지 않았다.

24 서울 출신 두 명과 강원도 출신 두 명, 충청도, 전라도, 경상도 출신 각 1명이 다음의 조건대로 줄을 선다. 앞에서 네 번째에 서는 사람의 출신지역은 어디인가?

- 충청도 사람은 맨 앞 또는 맨 뒤에 선다.
- 서울 사람은 서로 붙어 서있어야 한다.
- 강원도 사람 사이에는 다른 지역 사람 1명이 서있다.
- 경상도 사람은 앞에서 세 번째에 선다.

---

① 서울   ② 강원도
③ 충청도   ④ 전라도
⑤ 경상도

25 홍보팀에서는 신입직원 6명(A, B, C, D, E, F)을 선배직원 3명(갑, 을, 병)이 각각 2명씩 맡아 문서작성 및 결재 요령에 대하여 1주일 간 교육을 실시하고 있다. 다음 조건을 만족할 때, 신입직원과 교육을 담당한 선배직원의 연결에 대한 설명이 올바른 것은?

- B와 F는 같은 조이다.
- 갑은 A에게 문서작성 요령을 가르쳐 주었다.
- 을은 C와 F에게 문서작성 및 결재 요령에 대하여 가르쳐 주지 않았다.

---

① 병은 A를 교육한다.
② D는 을에게 교육을 받지 않는다.
③ C는 갑에게 교육을 받는다.
④ 을은 C를 교육한다.
⑤ 갑과 병 중에 E를 교육하는 사람이 있다.

A공단은 사내 식사 제공을 위한 외식 업체를 선정하기 위해 다음과 같이 5개 업체에 대한 평가를 실시하였다. 다음 평가 방식과 평가 결과에 의해 외식 업체로 선정될 업체는 어느 곳인가?

〈최종결과표〉

(단위 : 점)

구분	A업체	B업체	C업체	D업체	E업체
제안가격	84	82	93	90	93
위생도	92	90	91	83	92
업계평판	92	89	91	95	90
투입인원	90	92	94	91	93

〈선정 방식〉

• 각 평가항목별 다음과 같은 가중치를 부여하여 최종 점수 고득점 업체를 선정한다.

− 투입인원 점수 15%

− 업계평판 점수 15%

− 위생도 점수 30%

− 제안가격 점수 40%

• 어느 항목이라도 5개 업체 중 최하위 득점이 있을 경우(최하위 점수가 90점 이상일 경우 제외), 최종 업체로 선정될 수 없음.

• 동점 시, 가중치가 높은 항목 순으로 고득점 업체가 선정

① A업체

② B업체

③ C업체

④ D업체

⑤ E업체

27 동건, 우성, 인성은 임의의 순서로 빨간색·파란색·노란색 지붕을 가진 집에 나란히 이웃하여 살고 있으며, 개·고양이·도마뱀이라는 서로 다른 애완동물을 기르며, 광부·농부·의사라는 서로 다른 직업을 갖고 있다. 알려진 정보가 다음과 같을 때 반드시 참이라고 할 수 없는 내용을 〈보기〉에서 모두 고른 것은?

㈎ 인성은 광부이다.

㈏ 가운데 집에 사는 사람은 개를 키우지 않는다.

㈐ 농부와 의사의 집은 서로 이웃해 있지 않다.

㈑ 노란 지붕 집은 의사의 집과 이웃해 있다.

㈒ 파란 지붕 집에 사람은 고양이를 키운다.

㈓ 우성은 빨간 지붕 집에 산다.

〈보기〉

㉠ 동건은 빨간 지붕 집에 살지 않고, 우성은 개를 키우지 않는다.

㉡ 노란 지붕 집에 사는 사람은 도마뱀을 키우지 않는다.

㉢ 동건은 파란 지붕 집에 살거나, 우성은 고양이를 키운다.

㉣ 동건은 개를 키우지 않는다.

㉤ 우성은 농부다.

---

① ㉠㉡

② ㉡㉢

③ ㉢㉣

④ ㉠㉡㉤

⑤ ㉠㉢㉤

28 지하철 10호선은 총 6개의 주요 정거장을 경유한다. 주어진 조건이 다음과 같을 경우, C가 4번째 정거장일 때, E 바로 전의 정거장이 될 수 있는 것은?

- 지하철 10호선은 순환한다.
- 주요 정거장을 각각 A, B, C, D, E, F라고 한다.
- E는 3번째 정거장이다.
- B는 6번째 정거장이다.
- D는 F의 바로 전 정거장이다.
- C는 A의 바로 전 정거장이다.

---

① F　　　　　　　　　　　　② E
③ D　　　　　　　　　　　　④ B
⑤ A

29 김대리는 모스크바 현지 영업소로 출장을 갈 계획이다. 현지시각 4일 오후 2시 모스크바에서 회의가 예정되어 있어 모스크바 공항에 적어도 오전 11시 이전에는 도착하고자 한다. 인천에서 모스크바까지 8시간이 걸리며, 시차는 인천이 모스크바보다 6시간이 더 빠르다. 김대리는 인천에서 늦어도 몇 시에 출발하는 비행기를 예약하여야 하는가?

① 3일 09 : 00　　　　　　　　② 3일 19 : 00
③ 4일 09 : 00　　　　　　　　④ 4일 11 : 00
⑤ 5일 02 : 00

30 다음 내용과 전투능력을 가진 생존자 현황을 근거로 판단할 경우 생존자들이 탈출할 수 있는 경우로 옳은 것은? (단, 다른 조건은 고려하지 않는다)

- 좀비 바이러스에 의해 라쿤 시티에 거주하던 많은 사람들이 좀비가 되었다. 건물에 갇힌 생존자들은 동, 서, 남, 북 4개의 통로를 이용해 5명씩 탈출을 시도한다. 탈출은 통로를 통해서만 가능하며, 한쪽 통로를 선택하면 되돌아올 수 없다.
- 동쪽 통로에 11마리, 서쪽 통로에 7마리, 남쪽 통로에 11마리, 북쪽 통로에 9마리의 좀비들이 있다. 선택한 통로의 좀비를 모두 제거해야만 탈출할 수 있다.
- 남쪽 통로의 경우, 통로 끝이 막혀 탈출을 할 수 없지만 팀에 폭파전문가가 있다면 다이너마이트를 사용하여 막힌 통로를 뚫고 탈출할 수 있다.
- 전투란 생존자가 좀비를 제거하는 것을 의미하며 선택한 동로에서 일시에 이루어진다.
- 전투능력은 정상인 건강상태에서 해당 생존자가 전투에서 제거하는 좀비의 수를 의미하며, 질병이나 부상상태인 사람은 그 능력이 50%로 줄어든다.
- 전투력 강화제는 건강상태가 정상인 생존자들 중 1명에게만 사용할 수 있으며, 전투능력을 50% 향상시킨다. 사용 가능한 대상은 의사 혹은 의사의 팀 내 구성원이다.
- 생존자의 직업은 다양하며, 아이와 노인은 전투능력과 보유품목이 없고 건강상태는 정상이다.

전투능력을 가진 생존자 현황

직업	인원	전투능력	건강상태	보유품목
경찰	1명	6	질병	–
헌터	1명	4	정상	–
의사	1명	2	정상	전투력 강화제 1개
사무라이	1명	8	정상	–
폭파전문가	1명	4	부상	다이너마이트

	탈출 통로	팀 구성 인원
①	동쪽 통로	폭파전문가 – 사무라이 – 노인 3명
②	서쪽 통로	헌터 – 경찰 – 아이 2명 – 노인
③	남쪽 통로	헌터 – 폭파전문가 – 아이 – 노인 2명
④	남쪽 통로	폭파전문가 – 헌터 – 의사 – 아이 2명
⑤	북쪽 통로	경찰 – 의사 – 아이 2명 – 노인

31 다음 워크시트에서처럼 주민등록번호가 입력되어 있을 때, 이 셀의 값을 이용하여 [C1] 셀에 성별을 '남' 또는 '여'로 표시하고자 한다. [C1] 셀에 입력해야 하는 수식은? (단, 주민등록번호의 8번째 글자가 1이면 남자, 2이면 여자이다)

	A	B	C
1	임나라	870808-2235672	
2	정현수	850909-1358527	
3	김동하	841010-1010101	
4	노승진	900202-1369752	
5	은봉미	890303-2251547	

① =CHOOSE(MID(B1,8,1), "여", "남")

② =CHOOSE(MID(B1,8,2), "남", "여")

③ =CHOOSE(MID(B1,8,1), "남", "여")

④ =IF(RIGHT(B1,8)="1", "남", "여")

⑤ =IF(RIGHT(B1,8)="2", "남", "여")

32 T회사에서 근무하고 있는 N씨는 엑셀을 이용하여 작업을 하고자 한다. 엑셀에서 바로 가기 키에 대한 설명이 다음과 같을 때 괄호 안에 들어갈 내용으로 알맞은 것은?

> 통합 문서 내에서 (㉠) 키는 다음 워크시트로 이동하고 (㉡) 키는 이전 워크시트로 이동한다.

	㉠	㉡
①	〈Ctrl〉+〈Page Down〉	〈Ctrl〉+〈Page Up〉
②	〈Shift〉+〈Page Down〉	〈Shift〉+〈Page Up〉
③	〈Tab〉+←	〈Tab〉+→
④	〈Alt〉+〈Shift〉+↑	〈Alt〉+〈Shift〉+↓
⑤	〈Ctrl〉+〈Shift〉+〈Page Down〉	〈Ctrl〉+〈Shift〉+〈Page Up〉

33 음 그림에서 A6 셀에 수식 '=$A$1+$A2'를 입력한 후 다시 A6 셀을 복사하여 C6와 C8에 각각 붙여넣기를 하였을 경우, (A)와 (B)에 나타나게 되는 숫자의 합은 얼마인가?

	A	B	C
1	7	2	8
2	3	3	8
3	1	5	7
4	2	5	2
5			
6			(A)
7			
8			(B)

① 10

② 12

③ 14

④ 16

⑤ 19

34 다음 중 컴퓨터 보안 위협의 형태와 그 내용에 대한 설명이 올바르게 연결되지 않은 것은 어느 것인가?

① 피싱(Phishing) – 유명 기업이나 금융기관을 사칭한 가짜 웹 사이트나 이메일 등으로 개인의 금융정보와 비밀번호를 입력하도록 유도하여 예금 인출 및 다른 범죄에 이용하는 수법

② 스푸핑(Spoofing) – 악의적인 목적으로 임의로 웹 사이트를 구축해 일반 사용자의 방문을 유도한 후 시스템 권한을 획득하여 정보를 빼가거나 암호와 기타 정보를 입력하도록 속이는 해킹 수법

③ 디도스(DDoS) – 시스템에 불법적인 행위를 수행하기 위하여 다른 프로그램으로 위장하여 특정 프로그램을 침투시키는 행위

④ 스니핑(Sniffing) – 네트워크 주변을 지나다니는 패킷을 엿보면서 아이디와 패스워드를 알아내는 행위

⑤ 백 도어(Back Door) – 시스템의 보안 예방책을 침입하여 무단 접근하기 위해 사용되는 일종의 비상구

35 다음에서 설명하고 있는 문자 자료 표현은 무엇인가?

> • BCD코드의 확장코드이다.
> • 8비트로 28(256)가지의 문자 표현이 가능하다.(zone : 4bit, digit : 4bit)
> • 주로 대형 컴퓨터에서 사용되는 범용코드이다.

① 국가식별 코드   ② ASCII 코드

③ 가중치 코드   ④ EBCDIC 코드

⑤ 오류검출 코드

36 다음 내용에 해당하는 인터넷 검색 방식을 일컫는 말은 어느 것인가?

> 이 검색 방식은 검색엔진에서 문장 형태의 질의어를 형태소 분석을 거쳐 언제(when), 어디서 (where), 누가(who), 무엇을(what), 왜(why), 어떻게(how), 얼마나(how much)에 해당하는 5W 2H 를 읽어내고 분석하여 각 질문에 답이 들어있는 사이트를 연결해 주는 검색엔진이다.

① 자연어 검색 방식   ② 주제별 검색 방식

③ 통합형 검색 방식   ④ 키워드 검색 방식

⑤ 연산자 검색 방식

▌37~40 ▌ 글로벌기업인 K회사는 한국, 일본, 중국, 필리핀에 지점을 두고 있으며 주요 품목인 외장하드를 생산하여 판매하고 있다. 다음 규정은 외장하드에 코드를 부여하는 방식이라 할 때, 다음을 보고 물음에 답하시오.

예시〉 외장하드
2018년 2월 12일에 한국 제3공장에서 제조된 스마트S 500GB 500번째 품목
→ 180212 – 1C – 04001 – 00500

제조연월일	생산라인				제품종류				완성된 순서
	국가코드		공장 라인		분류코드		용량번호		
2020년 11월 11일 제조 →201111 2021년 12월 20일 제조 →211220	1	한국	A	제1공장	01	xs1	001	500GB	00001부터 시작하여 완성된 순서대로 번호가 매겨짐 1511번째 품목 →01511
			B	제2공장			002	1TB	
			C	제3공장			003	2TB	
			D	제4공장	02	xs2	001	500GB	
	2	일본	A	제1공장			002	1TB	
			B	제2공장			003	2TB	
			C	제3공장	03	oz	001	500GB	
			D	제4공장			002	1TB	
	3	중국	A	제1공장			003	2TB	
			B	제2공장	04	스마트S	001	500GB	
			C	제3공장			002	1TB	
			D	제4공장			003	2TB	
	4	필리핀	A	제1공장	05	HS	001	500GB	
			B	제2공장			002	1TB	
			C	제3공장			003	2TB	
			D	제4공장					

37 2020년 10월 9일에 필리핀 제1공장에서 제조된 xs1 모델로 용량이 2TB인 1584번째 품목 코드로 알맞은 것은?

① 2001093A0100201584

② 2010094B0200301584

③ 2010094D0100315840

④ 2010094A0100301584

⑤ 2010094B0100301584

38 상품코드 2112222D0500201799에 대한 설명으로 옳지 않은 것은?

① 2021년 12월 22일에 제조되었다.

② 완성된 품목 중 1799번째 품목이다.

③ 일본 제4공장에서 제조되었다.

④ 스마트S에 해당한다.

⑤ 용량은 1TB이다.

39 이 회사에 입사한지 1개월도 안된 신입사원은 상품 코드에 익숙해지기 위해 코드 읽는 연습을 하고 있는데 상사가 다가오더니 잘못된 부분이 있다며 수정해 주었다. 상사가 잘못 수정한 부분은?

2101193B0300101588
→ 2021년 1월 9일 제조
→ 일본 제2공장
→ oz 1TB
→ 15880번째 완성 품목

2001093A0100201584
→ 2020년 10월 9일 제조
→ 중국 제1공장
→ xs1 1TB
→ 1584번째 완성 품목

① 2021년 1월 9일 제조 → 2021년 1월 19일 제조
② 일본 제2공장 → 중국 제2공장
③ oz 1TB → oz 2TB
④ 15880번째 완성 품목 → 1588번째 완성 품목
⑤ 2020년 10월 9일 제조 → 2020년 1월 9일 제조

40 기계결함으로 인해 코드번호가 다음과 같이 잘못 찍혔다. 사원 J씨가 수동으로 수정하려고 할 때 올바르게 수정한 것은?

2021년 9월 7일 한국 제4공장에서 제조된 xs2 2TB 13698번째 품목 2109071D0200213698

① 제조연월일 : 210907 → 210917 ② 생산라인 : 1D → 2D
③ 제품종류 : 02002 → 02003 ④ 완성된 순서 : 13698 → 13699
⑤ 수정할 부분 없음

41 □□기업이 비용절감을 위해 다음과 같은 생산 공정을 시행했을 때, 새로운 공정에서 총비용의 감소율은 얼마인가?(단, 소수자리는 삭제한다.)

생산 공정

웨이퍼 제조 → 1차 테스트 → 산화공정 → 포토공정 → 식각공정 → 박막·증착공정 → 금속화공정 → EDS → 2차 테스트 → 패키징

생산 공정 단계별 불량률

공정단계	1회 공정당 불량률
웨이퍼 제조	5%
산화공정	40%
포토공정	10%
식각공정	2%
박막·증착공정	2%
금속화공정	15%
EDS	20%
패키징	5%

단계별 투입비용

단계	각 공정제작 시 투입비용	
	개선 전	개선 후
웨이퍼 제조	4,000원	3,000원
산화공정	2,000원	1,500원
포토공정	5,500원	4,500원
식각공정	6,000원	5,000원
박박·증착공정	3,500원	2,500원
금속화공정	4,000원	3,000원
EDS	3,000원	2,500원
패키징	2,000원	1,000원

① 20%
② 23%
③ 27%
④ 30%
⑤ 33%

42 감사원의 공공기관 감사로 인한 회의에 담당자로 참여하게 되었다. 다음 주에 있을 회의의 진행일로 효율적인 요일을 고르면?

- 대한석탄공사 담당자 주간일정

월요일	화요일	수요일	목요일	금요일	토요일
				해외출장	해외출장

- 산업통상자원부 담당자 주간일정

월요일	화요일	수요일	목요일	금요일	토요일
	국회출석				

- 감사원 담당자 주간일정

월요일	화요일	수요일	목요일	금요일	토요일
내부회의		타공사 방문			

① 토요일   ② 월요일

③ 화요일   ④ 수요일

⑤ 목요일

43 甲회사 인사부에 근무하고 있는 H부장은 각 과의 요구를 모두 충족시켜 신규직원을 배치하여야 한다. 각 과의 요구가 다음과 같을 때 홍보과에 배정되는 사람은 누구인가?

〈신규직원 배치에 대한 각 과의 요구〉
- 관리과 : 5급이 1명 배정되어야 한다.
- 홍보과 : 5급이 1명 배정되거나 6급이 2명 배정되어야 한다.
- 재무과 : B가 배정되거나 A와 E가 배정되어야 한다.
- 총무과 : C와 D가 배정되어야 한다.

〈신규직원〉

- 5급 2명(A, B)
- 6급 4명(C, D, E, F)

① A   ② B

③ C와 D   ④ E와 F

③ C와 F

┃44~45┃ 공장 주변지역의 농경수 오염에 책임이 있는 기업이 총 80억 원의 예산을 가지고 피해 현황 심사와 보상을 진행한다고 한다. 다음 글을 읽고 물음에 답하시오.

총 500건의 피해가 발생했고, 기업 측에서는 실제 피해 현황을 심사하여 보상하기로 하였다. 심사에 사용되는 비용은 보상 예산에서 사용한다. 심사를 통해 좀 더 정확한 피해 규모를 파악할 수 있지만, 그에 따라 소요되는 비용 또한 증가하게 된다.

	1일째	2일째	3일째	4일째
일별 심사비용(억 원)	0.5	0.7	0.9	1.1
일별 보상대상 제외 건수	55	50	45	40

• 표는 누적 수치가 아닌, 하루에 소요되는 비용을 말함
• 보상금 총액＝예산－심사비용
• 일별 심사비용은 매일 0.2억씩 증가하고 제외 건수는 매일 5건씩 감소함
• 제외 건수가 0이 되는 날, 심사를 중지하고 보상금을 지급

44 기업 측이 심사를 중지하는 날까지 소요되는 일별 심사비용은 총 얼마인가?

① 14억 원   ② 15.3억 원

③ 16.5억 원   ④ 19.2억 원

⑤ 20억원

45 심사를 중지하고 총 500건에 대해 보상을 한다고 할 때, 보상대상자가 받는 건당 평균 보상금은 대략 얼마인가?

① 1,216만원   ② 1,300만원

③ 1,416만원   ④ 1,500만원

⑤ 1,616만원

46 다음은 어느 회사를 운영하는 데 한 딜 동안 필요한 내역이다. 여기에서 알 수 있는 직접비용과 간접비용의 금액으로 옳게 짝지어 진 것은?

(단위: 원)

재료비	320,000원	사무비품비	150,000원
보험료	280,000원	시설비	360,000원
인건비	300,000원	공과금	100,000원

※ 직접 비용 : 재료비, 시설비, 인건비

※ 간접 비용 : 사무비품비, 보험료, 공과금

① 90만 원, 61만 원

② 98만 원, 53만 원

③ 113만 원, 38만 원

④ 123만 원, 28만 원

⑤ 126만 원, 25만 원

주연이는 출근을 하기 위하여 다음의 버스 이동계획에 따른 버스를 타게 된다. 주연이가 아침 8시에 집에서 출발하여 9시까지 출근하기 위해 최적의 루트로 버스를 타고자 할 경우 가장 빨리 도착했을 때의 시간은 얼마인가?

버스 이동계획

버스번호	515	519	522	633	655	674	711	712	715
이동시간	10분	15분	10분	20분	20분	8분	15분	7분	22분
선행버스		515	515	519	519 / 522	655	674	633	711 / 712

- 특정번호의 버스를 타기 위해서는 반드시 선행버스를 타야 한다.
- 선행버스가 복수인 경우에는 무엇을 타고 오는지는 문제되지 않는다.
- 주연이는 반드시 515번 버스를 타고 집에서 출발한다. 그리고 다양한 방법으로 회사에 도착할 수 있는데 633번을 타고 712 출발지에서 내리면 걸어서 10분이 걸리고, 674번 버스를 타고 711 출발지에서 내리면 걸어서 13분이 걸린다. 그렇지 않으면 최종적으로 타게 되는 버스의 종점이 바로 회사이다.
- 예를 들어 515에서 633 출발지까지 최소 25분이 걸린다.

① 8시 50분
② 8시 55분
③ 9시 00분
④ 9시 05분
⑤ 9시 20분

48 다음은 L사의 ○○동 지점으로 배치된 신입사원 5명의 인적사항과 부서별 추가 인원 요청 사항이다. 인력관리의 원칙 중 하나인 적재적소의 원리에 의거하여 신입사원들을 배치할 경우에 대한 가장 적절한 설명은?

〈신입사원 인적사항〉

성명	성별	전공	자질/자격	기타
갑	남	스페인어	바리스타 자격 보유	남미 8년 거주
을	남	경영	모의경영대회 입상	폭넓은 대인관계
병	여	컴퓨터 공학	컴퓨터 활용능력 2급 자격증 보유	논리적·수학적 사고력 우수함
정	남	회계	–	미국 5년 거주, 세무사 사무실 아르바이트 경험
무	여	광고학	과학잡지사 우수편집인상 수상	강한 호기심, 융통성 있는 사고

〈부서별 인원 요청 사항〉

부서명	필요인원	필요자질
영업팀	2명	영어 능통자 1명, 외부인과의 접촉 등 대인관계 원만한 자 1명
인사팀	1명	인사 행정 등 논리 활용 프로그램 활용 가능자
홍보팀	2명	홍보 관련 업무 적합자, 외향적 성격 소유자 등 2명

	영업팀	인사팀	홍보팀
①	갑, 정	병	을, 무
②	을, 병	정	갑, 무
③	을, 정	병	갑, 무
④	병, 무	갑	을, 정
⑤	병, 정	갑	을, 무

| 49～50 | 다음 자료를 보고 이어지는 물음에 답하시오.

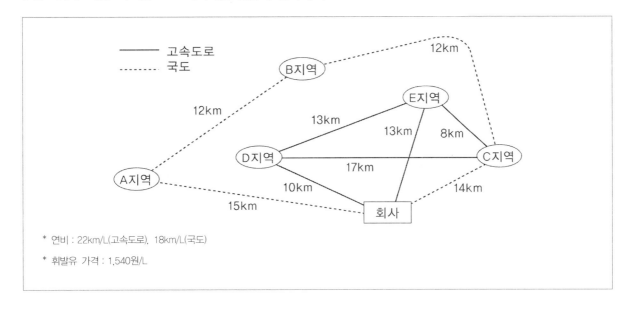

* 연비 : 22km/L(고속도로), 18km/L(국도)

* 휘발유 가격 : 1,540원/L

49 K대리는 '회사'에서 출발하여 A ～ E지역을 모두 다녀와야 한다. 같은 곳을 두 번 지나지 않고 회사로부터 5개 지역을 모두 거쳐 다시 회사까지 돌아오는 경로는 모두 몇 가지인가?

① 2가지   ② 3가지

③ 4가지   ④ 5가지

⑤ 6가지

50 K대리가 선택할 수 있는 최단 경로를 통해 차량(휘발유 사용)으로 방문을 하고 돌아올 경우, K대리가 사용한 연료비의 총 금액은 모두 얼마인가? (단, 원 단위 이하는 절삭한다)

① 5,106원

② 5,230원

③ 5,300원

④ 5,404원

⑤ 5,506원

| 51~52 | 다음 조건을 순차적으로 처리할 때 다음 시스템에서 취해야 할 행동은?

51

⟨조건⟩

① 레버 3개의 위치에 따라 다음과 같이 오류값을 선택한다. 오류값을 선택할 때에는 음영처리가 된 오류값만 선택한다.

• 레버 3개 중 1개만 위로 올라가 있다. → 오류값 중 가장 큰 수와 가장 작은 수의 차이
• 레버 3개 중 2개만 위로 올라가 있다. → 오류값 중 가장 큰 수와 가장 작의 수의 합
• 레버 3개가 모두 위로 올라가 있다 → 오류값들의 평균값(소수 첫째자리에서 반올림)

② 오류값에 따라 다음과 같이 상황을 판단한다.

오류값 허용 범위	상황	상황별 행동
오류값<5	안전	아무 버튼도 누르지 않는다.
5≤오류값<10	경고	파란 버튼을 누른다. 단, 올라간 레버가 2개 이상이면 빨간 버튼도 함께 누른다.
10≤오류값<15	위험	빨간 버튼을 모두 누른다.
15≤오류값	차단	전원을 차단한다.

③ 계기판 수치가 5이하면 무조건 안전, 15 이상이면 무조건 경고
④ 음영 처리된 오류값이 2개 이하이면 한 단계 격하, 음영 처리된 오류값이 5개 이상이면 한 단계 격상
⑤ 안전단계에서 격하되어도 안전 상태를 유지, 위험단계에서 격상되어도 위험단계를 유지

⟨계기판⟩

⟨오류값⟩

0	1	3
5	7	9

⟨레버⟩

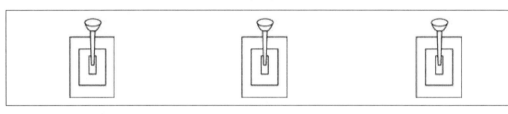

① 아무 버튼도 누르지 않는다.

② 파란 버튼과 빨간 버튼을 모두 누른다.

③ 파란 버튼을 누른다.

④ 빨간 버튼을 누른다.

⑤ 전원을 차단한다.

52

<조건>

① 오류값 중 제일 아래 행에 있는 값들이 음영 처리된 경우, 다음과 같이 행동한다. 단, 다음 3개 중 &와 함께 음영 처리가 되면 &에 관련된 행동을 먼저 취한다.

오류값	행동
&	음영 처리 반전
0	오류값 3, 6은 무조건 음영 처리된 것으로 판단
#	오류값 2, 5는 무조건 음영 처리되지 않은 것으로 판단

② 레버 3개의 위치에 따라 다음과 같이 오류값을 선택한다. 오류값을 선택할 때에는 음영처리가 된 오류값만 선택한다.
- 레버 3개 중 1개만 아래로 내려가 있다.→오류값의 총합
- 레버 3개 중 2개만 아래로 내려가 있다.→오류값 중 가장 큰 수
- 레버 3개가 모두 아래로 내려가 있다.→오류값 중 가장 작은 수

③ 오류값에 따라 다음과 같이 상황을 판단한다.

오류값 허용 범위	상황	상황별 행동
오류값<5	안전	아무 버튼도 누르지 않는다.
5≤오류값<10	경고	노란 버튼을 누른다. 단, 내려간 레버가 2개 이상이면 초록 버튼을 누른다.
10≤오류값<15	위험	노란 버튼과 초록 버튼을 모두 누른다.
15≤오류값	차단	전원을 차단한다.

④ 음영 처리된 오류값이 2개 이하이면 무조건 안전, 5개 이상이면 무조건 경고
⑤ 계기판의 바늘 2개가 겹치면 한 단계 격상, 겹치지 않으면 아무 변화 없음
⑥ 계기판이 두 바늘이 가리키는 수치가 하나라도 15 이상이면 한 단계 격상
⑦ 위험단계에서 격상되어도 위험상태를 유지

〈계기판〉

〈오류값〉

1	2	3
4	5	6
&	0	#

〈레버〉

① 초록 버튼을 누른다.

② 노란 버튼과 초록 버튼을 누른다.

③ 노란 버튼을 누른다.

④ 아무 버튼도 누르지 않는다.

⑤ 전원을 차단한다.

┃53~55┃ 다음은 그래프 구성 명령어 실행 예시이다. 다음 물음에 답하시오.

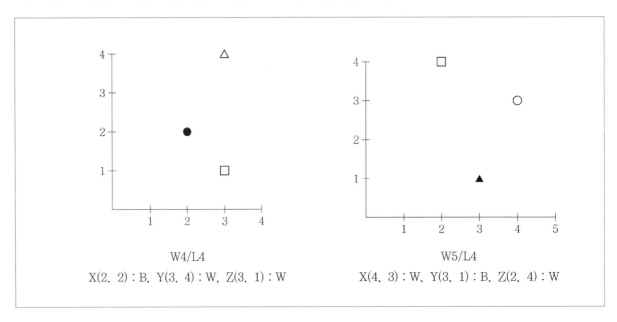

W4/L4

X(2, 2) : B, Y(3, 4) : W, Z(3, 1) : W

W5/L4

X(4, 3) : W, Y(3, 1) : B, Z(2, 4) : W

53 다음 그래프에 알맞은 명령어는 무엇인가?

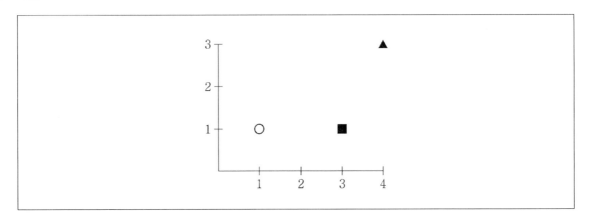

① W4/L3

　　X(1, 1) : W, Y(3, 4) : B, Z(1, 3) : B

② W4/L3

　　X(1, 1) : W, Y(4, 3) : B, Z(3, 1) : B

③ W3/L4

　　X(1, 1) : W, Y(3, 4) : B, Z(1, 3) : B

④ W3/L4

   X(1, 1) : W, Y(4, 3) : B, Z(3, 1) : B

⑤ W3/L4

   X(1, 1) : W, Y(4, 3) : B, Z(1, 3) : B

54 다음 그래프에 알맞은 명령어는 무엇인가?

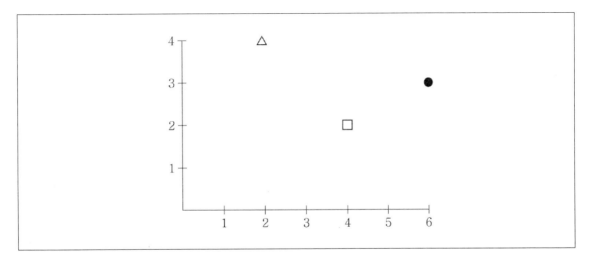

① W6/L4

   X(3, 6) : B, Y(4, 2) : W, Z(2, 4) : W

② W6/L4

   X(6, 3) : B, Y(2, 4) : W, Z(4, 2) : W

③ W4/L6

   X(3, 6) : B, Y(4, 2) : W, Z(2, 4) : W

④ W4/L6

   X(6, 3) : B, Y(2, 4) : W, Z(4, 2) : W

⑤ W4/L6

   X(6, 3) : B, Y(2, 4) : W, Z(2, 4) : W

55 다음 그래프에 알맞은 명령어는 무엇인가?

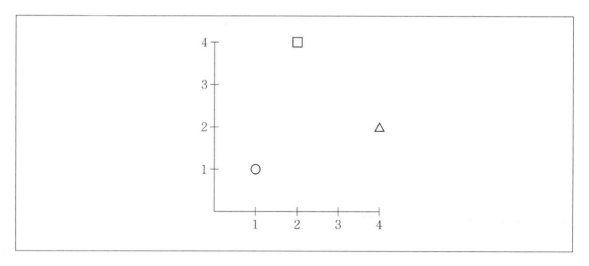

① W4/L4

    X(1, 1) : W, Y(2, 4) : W, Z(2, 4) : W

② W4/L4

    X(1, 1) : W, Y(4, 2) : W, Z(2, 4) : W

③ W4/L4

    X(1, 1) : W, Y(4, 2) : W, Z(4, 2) : B

④ W5/L4

    X(1, 1) : W, Y(4, 2) : W, Z(4, 2) : W

⑤ W5/L4

    X(1, 1) : W, Y(2, 4) : W, Z(4, 2) : B

▎56~57 ▎ 안전한 패스워드 구성방법에 관한 다음 안내문을 읽고 이어지는 물음에 답하시오.

구분	권장 규칙	회피 규칙
문자 구성 및 길이	• 3가지 종류 이상의 문자구성으로 8자리 이상의 길이로 구성된 패스워드 • 2가지 종류 이상의 문자구성으로 10자리 이상의 길이로 구성된 패스워드 ※ 문자 종류는 알파벳 대문자와 소문자, 특수기호, 숫자의 4가지임	• 2가지 종류 이하의 문자구성으로 8자리 이하의 길이로 구성된 패스워드 • 문자구성과 관계없이 7자리 이하 길이로 구성된 패스워드 ※ 문자 종류는 알파벳 대문자와 소문자, 특수기호, 숫자의 4가지임
패턴 조건	• 한글, 영어 등의 사전적 단어를 포함하지 않은 패스워드 • 널리 알려진 단어를 포함하지 않거나 예측이 어렵도록 가공한 패스워드 ※ 널리 알려진 단어인 컴퓨터 용어, 기업 등의 특정명칭을 가공하지 않고 명칭 그대로 사용하는 경우 ※ 속어, 방언, 은어 등을 포함한 경우 • 사용자 ID와 연관성이 있는 단어구성을 포함하지 않은 패스워드 • 제3자가 쉽게 알 수 있는 개인정보를 포함하지 않은 패스워드 ※ 개인정보는 가족, 생일, 주소, 휴대전화번호 등을 포함하는 패스워드	• 한글, 영어 등을 포함한 사전적인 단어로 구성된 패스워드 ※ 스펠링을 거꾸로 구성한 패스워드도 포함 • 널리 알려진 단어로 구성된 패스워드 ※ 컴퓨터 용어, 사이트, 기업 등의 특정 명칭으로 구성된 패스워드도 포함 • 사용자 ID를 이용한 패스워드 ※ 사용자 ID 혹은 사용자 ID를 거꾸로 구성한 패스워드도 포함 • 제3자가 쉽게 알 수 있는 개인정보를 바탕으로 구성된 패스워드 ※ 가족, 생일, 주소, 휴대전화번호 등을 포함하는 패스워드

56 다음 중 위의 안내문을 올바르게 이해하지 못한 설명은 어느 것인가?

① 사용자 또는 사용자 이외의 특정 인물, 유명인, 연예인 등의 이름을 포함하는 패스워드는 회피하여야 한다.

② 일정한 패턴이 반복되는 패스워드가 아니라면 보안 수준이 높다고 할 수 있다.

③ 키보드 상에서 연속한 위치에 존재하는 문자들의 집합은 노출되기 쉬운 패스워드이다.

④ 네트워크를 통해 패스워드를 전송하는 경우 반드시 패스워드를 암호화하거나 암호화된 통신 채널을 이용해야 한다.

⑤ 영어 단어를 한글 모드에서 타이핑하여 입력하게 되면 쉽게 노출되지 않는 패스워드 조합을 구성할 수 있다.

57 다음 키보드 그림을 참고할 때, 위의 안내문에 따라 만든 가장 적절한 패스워드라고 볼 수 있는 것은 어느 것인가?

① bo3$&K

② S37북?sx@4@

③ @ytisrevinu!

④ 1h3o3u4s8e?

⑤ 77ncs-cookie8

┃58~60┃ 다음은 전기레인지 고장수리 안내에 관한 내용이다. 다음의 내용을 확인한 후 주어진 질문에 답하시오.

〈점검 및 손질〉

점검 및 손질할 때는 반드시 전원을 차단하여 주십시오. 또한 아래의 내용을 반드시 숙지하여 주시기 바랍니다.

㉠ 청소 및 점검할 때는 장갑을 착용하시고 물에 젖지 않도록 주의하시기 바랍니다.

㉡ 청소를 할 때는 절대 물을 뿌리지 마십시오. 제품 내부로 물이 스며들 경우 누전, 쇼트 및 오동작으로 감전, 제품고장 및 화재의 위험이 있습니다.

㉢ 청소를 할 때는 인화 물질 즉 신나, 벤젠 등을 절대로 사용하지 마십시오.

㉣ 제품을 절대로 분해하지 마십시오.

㉤ 유리 표면을 스크래퍼로 청소할 때는 유리의 온도가 식었을 때 하시고, 칼날에 의한 상해를 주의하십시오.

〈일상점검 및 청소 방법〉

㉠ 세라믹 유리는 부드러운 천으로 자주 닦아 주십시오. 철 수세미 등 거친 수세미 사용 시 제품 표면이 손상될 수 있습니다.

㉡ 조작부에 수분이 없도록 관리하여 주십시오.

㉢ 조리 시 넘친 음식물은 유리 표면이 충분히 식은 후 청소하여 주십시오. 이물 제거용 스크래퍼 사용은 비

스듬히 하여 이물을 제거하여 주십시오. 스크래퍼 사용 시에는 칼날이 나오도록 하여 사용 하신 후 다시 칼날이 보이지 않도록 하여 보관하십시오.

ⓔ 유리 표면의 오염이 제거되지 않을 때는 시중에 판매되는 전용 세재를 구입하여 부드러운 천으로 닦아 주십시오.

사용 가능	부드러운 천, 스폰지 수세미, 중성세제
사용 불가	나일론 수세미, 식용유, 산성알칼리성세제, 금속수세미, 연마제, 신나, 벤젠

〈서비스 신청 전 확인 사항〉

증상	원인	확인 사항
전원이 차단되었을 때	누전 차단 스위치 작동	• 누전 차단기를 올려 주십시오.
히터의 반복 작동	각 단계별 최고 온도를 유지하기 위해 반복 작동	• 화구의 최대 화력을 자동 제어하는 기능으로 안심하고 사용하셔도 됩니다.
조리가 안 되거나 너무 길 때	냄비의 바닥면이 평평하지 않거나 부적절한 용기를 사용할 때	• 적절한 냄비를 사용하십시오.
	유리 표면에 이물 등으로 유리 표면과 냄비의 표면에 틈이 있을 때	• 유리 표면의 이물을 제거하여 주십시오.
	화구의 위치와 냄비 위치가 맞지 않을 때	• 냄비를 화구의 둥근 원 안에 잘 맞춰 사용하십시오.
조작이 되지 않을 때	잠금기능 설정	• 잠금 기능을 해제하여 주십시오.
	조작부 오염	• 조작부의 오염을 제거하신 후 재조작하여 주십시오.
사용 중 갑자기 꺼졌을 때	누전 차단기 작동	• 과부하 원인을 제거하신 후 누전차단기를 올려 사용하십시오. 반복적으로 발생될 때는 서비스센터에 문의하시기 바랍니다.
화구의 검은 부분	발열체 센서 부위	• 발열체의 이상 발열을 방지하기 위한 센서 위치로 발열이 되지 않는 부분입니다.
자동으로 꺼졌을 때	기능 선택을 안 하셨을 때	• 전원 키를 누르신 후 일정시간 동안 기능을 선택하지 않을 때 자동으로 전원이 꺼집니다.
	타이머 기능을 사용하셨을 때	• 화구의 타이머 기능을 사용하셨을 때 시간 경과 후 자동으로 전원이 꺼집니다.

에러 표시	E1	키 눌림 에러	• 조작부에 이물 등으로 키가 일정시간 동안 감지되었을 때 이물제거 및 전원을 다시 ON시켜 주십시오.
	E2	제품 과열 에러	• 제품에 이상 과열이 발생되었을 때 표시됩니다. 전원을 다시 ON시킨 후 재사용 시에도 발생되면 서비스센터에 연락바랍니다.
	E3	저온 에러	• 온도센서 단선 시 표시 됩니다. 전원을 다시 ON시킨 후 재사용 시에도 발생되면 서비스센터에 연락바랍니다.

〈무상서비스 안내〉

피해유형	보상기준	
	품질보증기간 이내	품질보증기간 경과 후
구입 후 10일 이내에 정상적인 사용상태에서 발생한 성능, 기능상의 하자로 중요한 수리를 요하는 경우	교환 또는 환불	–
구입 후 1개월 이내에 정상적인 사용상태에서 발생한 성능, 기능상의 하자로 중요한 수리를 요하는 경우	교환 또는 무상수리	–
정상적인 사용상태에서 발생한 성능, 기능상의 하자		
㉠ 하자 발생 시	무상	유상
㉡ 수리 불가능 시	교환 또는 환불	유상
㉢ 교환 불가능 시	환불	유상
㉣ 동일하자에 대하여 2회까지 고장 발생 시	무상	유상
㉤ 동일하자에 대하여 3회째 고장 발생 시	교환 또는 환불	유상
㉥ 여러 부위의 고장으로 4회 수리 후 5회째 발생 시	교환 또는 환불	유상
㉦ 교환한 제품이 1개월 이내에 중요한 부위의 수리를 요하는 불량 발생 시	환불	유상
부품 보유 기간 내 수리할 부품을 보유하고 있지 않을 경우		
㉠ 정상적인 사용상태에서 성능, 기능상의 하자로 인해 발생된 경우	교환 또는 환불	정액감가상각금액에 구매 가격의 5% 가산하여 그 금액만큼 환불(최고한도 : 구입가격)
㉡ 소비자의 고의, 과실로 인한 고장 발생 시	유상수리금액 징수 후 교환	

소비자가 수리 의뢰한 제품을 사업자가 분실한 경우	교환 또는 환불	정액감가상각금액에 구매 가격의 10% 가산하여 그 금액만큼 환불(최고한도 : 구입가격)
제품 구입 시 운송과정 및 제품설치 중 발생된 피해	제품교환	–
천재지변(화염, 염해, 가스, 지진, 풍수해 등)에 의한 고장이 발생하였을 경우	유상수리	유상수리
사용상 정상 마모되는 소모성 부품을 교환하는 경우		
사용전원의 이상 및 접속기기의 불량으로 인하여 고장이 발생하였을 경우	유상수리	유상수리
기타 제품자체의 하자가 아닌 외부 원인으로 인한 경우		
당사의 서비스 전문점의 수리기사가 아닌 기사의 수리 또는 개조하여 고장이 발생하였을 경우		

※ 품질보증기간 이내 '환불'은 전액 환불을 의미한다.

58 전기레인지의 점검 및 손질, 청소 방법으로 옳은 것은?

① 전기레인지 주변에 물을 뿌린 후 청소해야 한다.
② 제품을 점검할 경우 분해하여 각각의 부품을 점검해야 한다.
③ 세라믹 유리는 금속수세미를 사용하여 닦아야 한다.
④ 유리 표면의 오염이 제거되지 않을 때는 알칼리성세제를 사용해야 한다.
⑤ 유리 표면을 스크래퍼로 청소할 때는 유리의 온도가 식었을 때 해야 한다.

59 다음 보기에서 각각의 에러 표시와 에러 표시가 나타난 원인이 알맞게 짝지어진 것을 모두 고르면?

〈보기〉
㉠ E1 - 온도센서 단선가 되었을 때
㉡ E2 - 제품에 이상 과열이 발생되었을 때
㉢ E3 - 조작부에 이물 등으로 키가 일정시간 동안 감지되었을 때

① ㉠
② ㉡
③ ㉠㉡
④ ㉠㉢
⑤ ㉠㉡㉢

60 전기레인지의 구매 가격이 50만 원이라면 다음 보기의 상황에서 환불해 주어야 할 총 금액은(㉠ + ㉡ + ㉢) 얼마인가?

<보기>

㉠ 품질보증기간이 지난 제품을 소비자가 수리 의뢰하였으나 사업자가 분실한 경우 환불해 주어야 할 금액 (단, 정액감가상각금액은 250,000원이다)

㉡ 품질보증기간이 지난 제품에서 소비자의 과실로 인해 고장이 발생했으나 부품 보유 기간 내 수리할 부품을 보유하고 있지 않을 경우 환불해 주어야 할 금액 (단, 정액감가상각금액은 200,000원이다)

㉢ 품질보증기간 내에 교환한 제품이 1개월 이내에 중요한 부위의 수리를 요하는 불량이 발생했을 때 환불해 주어야 할 금액 (정상적인 사용상태에서 발생한 성능상의 하자이다)

---

① 950,000원

② 1,005,000원

③ 1,015,000원

④ 1,025,000원

⑤ 1,100,000원

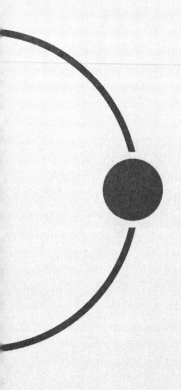

PART

02

정답 및 해설

1. ③

지문의 도입부에서는 식량 확보 실패의 원인이 생산보다 분배임을 언급하고 있다. 생산보다 분배가 문제인 것은 지구의 모든 지역에서의 농작물 수확량 향상 속도가 동일하지 않기 때문이다. 따라서 분배의 불균형 문제에 대한 원인이 되는 것은 ③의 내용 밖에 없다.

2. ⑤

문서의 내용에는 워크숍 개최 및 발표, 토론 내용이 요약되어 포함되어 있다. 따라서 담긴 내용이 이미 진행된 후에 작성된 문서이므로 '~계획(보고)서'가 아닌 '결과 보고서'가 되어야 할 것이다.
② 특정 행사의 일정만을 보고하는 문서가 아니며, 행사 전체의 내용을 모두 포함하고 있다.

3. ④

인권경영을 위한 노력의 활동들이 헌장의 내용으로 구성되어야 할 것이다. 따라서 ㈜의 내용은 기후변화 문제에 대한 대응의 활동이므로 적절하지 않다고 볼 수 있다.

4. ⑤

글의 전반부에서 비은행 금융회사의 득세에도 불구하고 여전히 은행이 가진 유동성 공급의 중요성을 언급한다. 여기서는 은행이 글로벌 금융위기를 겪으며 제기된 비대칭정보 문제를 언급하며, 금융시스템 안정을 위해서 필요한 은행의 건전성을 간접적으로 강조하고 있다. 후반부에서는 수익성이 함께 뒷받침되지 않을 경우의 부작용을 직접적으로 언급하며, 은행의 수익성은 한 나라의 경제 전반을 뒤흔들 수 있는 중요한 과제임을 강조한다. 따라서, 후반부가 시작되는 첫 문장은 건전성과 아울러 수익성도 중요하다는 화제를 제시하는 ⑤의 문구가 가장 적절하다고 볼 수 있다.
또한, 자칫 수익성만 강조하게 되면 국가 경제 전반에 영향을 줄 수 있는 불건전한 은행의 문제점이 드러날 수 있으므로 '적정 수준'이라는 문구를 포함시킨 것으로 볼 수 있다.

5. ④

㈑ 유명인 모델이 한 상품의 광고에만 지속적으로 나올 경우의 장점에 대해 말하고 있으므로 첫 문장의 다음에 바로 이어지는 것이 적절하다.

㈐ ㈑에 대한 부가적인 설명이다.

㈎ ㈑와 반대되는 사례를 들고 있다.

㈓ '하지만'이 나오는 것으로 보아, 앞의 내용에 대한 부정적인 내용이 온다는 것을 알 수 있다. 모델의 중복 출연에 대한 단점에 대한 내용이므로 ㈎의 뒤에 오게 된다.

㈏ 전체적인 결론에 대한 내용이다.

6. ②

임사홍은 그릇된 것을 옳은 것처럼 꾸며 자신을 드러내려 하고, 나라의 권력을 자기 손아귀에 쥐고 다른 사람들의 입을 막아 자신의 비행을 임금이 알지 못하도록 한 인물이다. 이러한 행위를 한 것은 임금이 자신의 비행을 알아채지 못하도록 함으로써 임금의 신임을 얻고, 그것을 바탕으로 더욱 큰 권력을 행사하려는 것으로 해석된다.

① 같은 동아리끼리 서로 왕래하여 사귐

② 잘못을 강요하여 사람을 함정에 빠뜨림, 윗사람을 농락하여 권세를 마음대로 휘두름

③ 좋은 일에 또 좋은 일이 더함

④ 남의 말을 귀담아 듣지 않음

⑤ 원수를 갚으려고 고생을 참고 견딤

7. ③

밑줄 친 부분에서 '사회를 이루고 사는 것이라면 서로 상충하는 목적이나 이해관계는 조정되어야 한다.'고 하여, 사회가 정상적으로 유지되기 위해서는 상충하는 목적이나 이해관계가 조정되어야 함을 밝히고 있다. 따라서 ③은 이에 어긋난다.

8. ②

도농교류사업 추진 건수에 따라 예산을 배정할 경우, 소규모의 일회성 사업이 난립하게 된다. 또한 지속적이고 안정적인 예산 확보도 어렵다.

① 본론 I −2−1) 도시민들의 농촌에 대한 부정적 인식을 개선하기 위한 과제로 적절하다.

③ 본론 I −1−1) 소규모의 일회성 사업 난립에 대한 개선책으로 적절하다.

④ 본론 I −1−3) ㅁㅁ기관 내 일원화된 추진체계 미흡을 해결하기 위한 과제로 적절하다.

⑤ 본론 I −1−2) 지속적이고 안정적인 예산 확보 미비에 대한 해결책으로 적절하다.

9. ④

항공기 식별코드의 앞부분은 (현재상태부호)(특수임무부호)(기본임무부호)(항공기종류부호)로 구성된다.

㉠ K는 (현재상태부호)와 (항공기종류부호)에 해당하지 않으므로 (특수임무부호)와 (기본임무부호)인데, 특수임무는 항공기가 개량을 거쳐 기본임무와 다른 임무를 수행할 때 붙이는 부호이므로 같은 기본임무와 같은 임무를 수행할 때에는 붙이지 않는다.

㉡ G(현재상태부호) → 영구보존처리된 항공기 B(특수임무부호) → 폭격기 C(기본임무부호) → 수송기 V(항공기종류부호) → 수직단거리이착륙기

㉢ C(특수임무부호) → 수송기 A(기본임무부호) → 지상공격기 H(항공기종류부호) → 헬리콥터

㉣ R은 (기본임무부호)이거나 개량으로 인하여 더 이상 기본임무를 수행하지 못하게 된 경우의 (특수임무부호)이다.

10. ③

현재 정상적으로 사용 중이므로 (현재상태부호)가 붙지 않으며, 일반 비행기이므로 (항공기종류부호)도 붙지 않는다. 따라서 식별코드 앞부분에는 (기본임무부호)에 특수임무를 수행한다면 (특수임무부호)가 붙고, 뒷부분에는 1∼100번 사이의 (설계번호)와 (개량형부호) A가 붙는다.

11. ③

• 홀수 칸은 +8씩 증가하고 있다. (7, 15, 23)
• 짝수 칸은 +5씩 증가하고 있다. (14, 19)

12. ④

÷3, ×6이 반복되고 있으므로, 8×6=48

13. ⑤

'거리=시간×속력'을 이용하여 계산할 수 있다.

총 4시간의 소요 시간 중 작업 시간 1시간 30분을 빼면, 왕복 이동한 시간은 2시간 30분이 된다. 트럭에서 태양광 설치 장소까지의 거리를 $x$km라고 하면, 시속 4km로 이동한 거리와 시속 8km로 되돌아 온 거리 모두 x km가 된다.

따라서 거리=시간×속력 → 시간=거리÷속력 공식을 이용하여, 2시간 30분은 2.5시간이므로 $2.5=(x÷4)+(x÷8)$이 성립하게 된다.

이것을 풀면, $2.5=x/4+x/8$ → $2.5=3/8x$ → $x=2.5×8/3=6.666...$ → 약 6.67km가 된다.

14. ④

P도시에서 Q도시로 가는 길은 3가지이고, Q도시에서 R도시로 가는 길은 2가지이므로, P도시를 출발하여 Q도시를 거쳐 R도시로 가는 방법은 $3 × 2 = 6$가지이다.

15. ④

㉠ 분당 사용 요금을 x라 하면, $1500x = 135000$, $x = 90$원$/min$

㉡ 하루에 통화한 시간을 y라 하면, $90 × y = 1800$, $y = 20$분

16. ④

$$\frac{12+x}{150+x} = \frac{31}{100}$$

$$\therefore x = 50(g)$$

17. ③

③ 각각 8시간으로 동일하다. (○)

① 여름(경부하)이 봄·가을(경부하)보다 전력량 요율이 더 낮다. (×)

② 최소 : $57.6 × 100 = 5,760$원, 최대 : $232.5 × 100 = 23,250$원이며 차이는 16,000원 이상이다. (×)

④ 22시 30분에 최대부하인 계절은 겨울이다. (×)

⑤ 12월 겨울 중간부하 요율 : $128.2 × 100 = 12,820 + 2,390$(기본) $= 15,210$원 (×)

18. ⑤

60km를 운행할 때 연료비는

① A의 **연료비** : 60/10 × 1,700 = 10,200원

② B의 **연료비** : 60/8 × 1,000 = 7,500원

③ C의 **연료비** : 60/12 × 1,500 = 7,500원

④ D의 **연료비** : 60/20 × 1,700 = 5,100원

⑤ E의 **연료비** : 60/8 × 1,500 = 11,250원

19. ③

㉠ 직원들의 평균 실적은 $\dfrac{2+6+4+8+10}{6} = 5$건이다.

㉣ 여자 직원이거나 실적이 7건 이상인 직원은 C, E, F로 전체 직원 수의 50% 이상이다.

㉡ 남자이면서 실적이 5건 이상인 직원은 F뿐이므로 전체 남자 직원 수의 25%이다.

㉢ 실적이 2건 이상인 남자 직원은 B, D, F이고, 실적이 4건 이상인 여자 직원은 C, E이다.

20. ③

$300 \times (7+9+9)\% = 75$명

21. ③

세 사람의 나이는 '민수>병식, 기완>병식'이고, 기완이와 민수 중 나이가 누가 더 많은지는 알 수 없다.
주어진 정보로 알 수 있는 사실은 병식이가 가장 어리다는 것이다.

22. ④

1학년 5반의 어떤 학생은 책 읽는 것을 좋아하고, 책 읽는 것을 좋아하는 사람은 집중력이 높으므로 1학년 5반의 어떤 학생은 집중력이 높다는 결론은 반드시 참이 된다.

23. ②

대우 명제를 이용하여 해결하는 문제이다. 대우 명제를 생각하기 전에 주어진 명제들의 삼단논법에 의한 연결 형태를 먼저 찾아보아야 한다. 주어진 다섯 개의 명제들 중 첫 번째, 두 번째, 세 번째 명제는 단순 삼단논법으로 연결되어 1호선 → 2호선 → 5호선 → ~3호선의 관계가 성립됨을 쉽게 알 수 있다.

따라서 이것의 대우 명제인 3호선 → ~1호선(3호선을 타 본 사람은 1호선을 타 보지 않았다)도 옳은 명제가 된다.

24. ③

㉠ A가 참인 경우

　E는 무단 투기하는 사람을 못 봤다고 했으므로 E의 말은 거짓이 된다.

　A는 B가 참이라고 했으므로 B에 의해 D가 범인이 된다.

　그러나 C는 D가 무단 투기 하지 않았다고 했으므로 C도 거짓이 된다.

　거짓말을 한 주민이 C, E 두 명이 되었으므로 D의 말은 참이 된다.

　그러나 D는 쓰레기를 무단 투기하는 사람을 세 명이 주민이 보았다고 했는데 A는 본인과 E만 보았다고 했으므로 D는 범인이 될 수 없다.

㉡ A가 거짓인 경우

　A의 말이 거짓이면 B의 말도 모두 거짓이 된다.

　거짓말을 한 사람이 A, B이므로 C, D, E는 참말을 한 것이 된다.

　C에 의하면 D는 범인이 아니다.

　D에 의하면 B는 범인이 아니다.

　E에 의하면 A는 범인이 아니다.

　그러면 C가 범인이다.

25. ④

5개의 건물이 위치한 곳을 그림과 기호로 표시하면 다음과 같다.

```
K지점   A        B       C    D            E
        15m      40m     60m  70m          100m
```

첫 번째 조건을 통해 목욕탕, 미용실, 은행은 C, D, E 중 한 곳, 교회와 편의점은 A, B 중 한 곳임을 알 수 있다. 두 번째 조건에 의하면 목욕탕과 교회 사이에 편의점과 또 하나의 건물이 있어야 한다. 이 조건을 충족하려면 A가 교회, B가 편의점이어야 하며 또한 D가 목욕탕이어야 한다. C와 E는 어느 곳이 미용실과 은행의 위치인지 주어진 조건만으로 알 수 없다.

따라서 보기 ④에서 언급된 바와 같이 미용실이 E가 된다면 은행은 C가 되어 교회인 A와 45m 거리에 있게 된다.

26. ⑤

객실의 층과 라인의 배열을 그림으로 표현하면 다음과 같다.

301호	302호	303호	304호
201호	202호	203호	204호
101호	102호	103호	104호

두 번째 조건에서 4호 라인에는 3개의 객실에 투숙하였다고 했으므로 104호, 204호, 304호에는 출장자가 있게 된다. 또한 3호 라인에는 1개의 객실에만 출장자가 투숙하였다고 했는데, 만일 203호나 303호에 투숙하였을 경우, 2층과 3층의 나머지 객실이 정해질 수 없다. 그러나 103호에 투숙하였을 경우, 1층의 2개 객실이 정해지게 되며 2층과 3층은 3호 라인을 제외한 1호와 2호 라인 모두에 출장자가 투숙하여야 한다. 따라서 보기 ⑤의 사실이 확인된다면 8명의 출장자가 투숙한 8개의 객실과 투숙하지 않는 4개의 객실 모두를 다음과 같이 알아낼 수 있다.

301호	302호	303호	304호
201호	202호	203호	204호
101호	102호	103호	104호

27. ⑤

사원과 근무부서를 표로 나타내면

배정부서	기획팀	영업팀	총무팀	홍보팀
처음 배정 부서	갑	을	병	정
2번째 배정 부서				
3번째 배정 부서				병

㉠ 규칙 1을 2번째 배정에 적용하고 규칙 2를 3번째 배정에 적용하면

기획팀 ↔ 총무팀 / 영업팀 ↔ 홍보팀이므로

갑 ↔ 병 / 을 ↔ 정

규칙 2까지 적용하면 다음과 같다.

배정부서	기획팀	영업팀	총무팀	홍보팀
처음 배정 부서	갑	을	병	정
2번째 배정 부서	병	정	갑	을
3번째 배정 부서			을	갑

ⓛ 규칙 3을 먼저 적용하고 규칙 2를 적용하면

배정부서	기획팀	영업팀	총무팀	홍보팀
처음 배정 부서	갑	을	병	정
2번째 배정 부서	을	갑	병	정
3번째 배정 부서	을	갑	정	병

28. ③

㉠ $20 = 2' \times 5' = (2+1)(1+1) = 3 \times 2 = 6$

20번 지점은 6번 방문한다. (첫 번째, 두 번째, 네 번째, 다섯 번째, 열 번째, 스무 번째)

ⓛ 2회만 방문한 지점은 1 ~ 20의 소수를 구하면 된다.

2, 3, 5, 7, 11, 13, 17, 19 → 8개

ⓒ 한 지점을 8번 방문하려면 최소 24개가 있어야 하는데 20개 밖에 없으므로 성립될 수 없다.

29. ①

甲과 丙의 진술로 볼 때, C = 삼각형이라면 D = 오각형이고, C = 원이라면 D = 사각형이다. C = 삼각형이라면 戊의 진술에서 A = 육각형이고, 丁의 진술에서 E ≠ 사각형이므로 乙의 진술에서 B = 오각형이 되어 D = 오각형과 모순된다. 따라서 C = 원이다. C = 원이라면 D = 사각형이므로, 丁의 진술에서 A = 육각형, 乙의 진술에서 B = 오각형이 되고 E = 삼각형이다. 즉, A = 육각형, B = 오각형, C = 원, D = 사각형, E = 삼각형이다.

30. ③

① 19일 수요일 오후 1시 울릉도 도착, 20일 목요일 독도 방문, 22일 토요일은 복귀하는 날인데 종아는 매주 금요일에 술을 마시므로 멀미로 인해 선박을 이용하지 못하므로 불가능

② 20일 목요일 오후 1시 울릉도 도착, 독도는 화요일과 목요일만 출발하므로 불가능

③ 23일 일요일 오후 1시 울릉도 도착, 24일 월요일 호박엿 만들기 체험, 25일 화요일 독도 방문, 26일 수요일 포항 도착

④ 25일 화요일 오후 1시 울릉도 도착, 27일 목요일 독도 방문, 28일 금요일 호박엿 만들기 체험은 오후 6시인데, 복귀하는 선박은 오후 3시 출발이라 불가능

⑤ 26일 수요일 오후 1시 울릉도 도착, 27일 목요일 독도 방문, 28일 금요일 호박엿 만들기 체험, 매주 금요일은 술을 마시므로 다음날 선박을 이용하지 못하며, 29일은 파고가 3m를 넘어 선박이 운항하지 않아 불가능

31. ③

상품코드별 단가가 수직(열)형태로 되어 있으므로, 그 단가를 가져오기 위해서는 VLOOKUP함수를 이용해야 되며, 상품코드별 단가에 수량(C2)를 곱한다. $B$8:$C$10에서 단가는 2열이고 반드시 같은 상품코드 (B2)를 가져와야 되므로, 0 (False)를 사용하여 VLOOKUP (B2,$B$8:$C$10, 2, 0)처럼 수식을 작성해야 한다.

32. ③

'#NULL!'은 교차하지 않은 두 영역의 교차점을 참조 영역으로 지정하였을 경우 발생하는 오류 메시지이며, 잘못된 인수나 피연산자를 사용했을 경우 발생하는 오류 메시지는 #VALUE! 이다.

33. ②

마우스로 채우기 핸들을 아래로 드래그하여 숫자가 증가되도록 하려면 〈Ctrl〉을 같이 눌러줘야 한다.

34. ①

(가) COUNTIF는 범위에서 해당 조건을 만족하는 셀의 개수를 구하는 함수이다. 따라서 'B2:E2' 영역에서 E2의 값인 5와 같지 않은 셀의 개수를 구하면 3이 된다.

(나) 'B2:E2' 영역에서 3을 초과하는 셀의 개수를 구하면 3이 된다.

(다) INDEX는 표나 범위에서 지정된 행 번호와 열 번호에 해당하는 데이터를 구하는 함수이다. 따라서 'A1:E3' 영역에서 2행 4열에 있는 데이터를 구하면 3이 된다.

(라) TRUNC는 지정한 자릿수 미만을 버리는 함수이며, SQRT(인수)는 인수의 양의 제곱근을 구하는 함수이다. 따라서 'C2' 셀의 값 7의 제곱근을 구하면 2.645751이 되고, 2.645751에서 소수점 2자리만 남기고 나머지는 버리게 되어 결과값은 2.64가 된다.

따라서 (가), (나), (다)는 모두 3의 결과값을 갖는 것을 알 수 있다.

35. ④

n=1, A=3

n=1, A=2·3

n=2, A=2^2·3

n=3, A=2^3·3

…

n=11, A=2^{11}·3

∴ 출력되는 A의 값은 2^{11}·3이다.

36. ④

입력기능은 자료를 처리하기 위해서 필요한 자료를 받아들이는 기능이다.

37. ①

• 2021년 5월 : 2105

• 합천 1공장 : 8S

• 세면도구 비누 : 04018

• 36번째로 생산 : 00036

38. ③

'21015N0301200013', '21033H0301300010', '21026P0301100004' 총 3개이다.

39. ②

② 정용준(20113G0100100001) − 박근동(20123G0401800008)

40. ④

④ 세면도구 치약이다.

41. ①

이미 방문한 관광지를 다시 가거나 숙소로 돌아가는 경로를 포함할 경우 최단거리가 될 수 없으므로 관광지를 한 번씩만 방문하는 경로를 찾으면 다음과 같다.

- 숙소 → A → B → C → E → D → F : 60 + 50 + 40 + 50 + 70 + 80 = 350km
- 숙소 → A → F → D → E → C → B : 60 + 100 + 80 + 70 + 50 + 40 = 400km
- 숙소 → B → A → F → D → E → C : 90 + 50 + 100 + 80 + 70 + 50 = 440km
- 숙소 → B → C → E → D → F → A : 90 + 40 + 50 + 70 + 80 + 100 = 430km
- 숙소 → F → A → B → C → E → D : 60 + 100 + 50 + 40 + 50 + 70 = 370km
- 숙소 → F → D → E → C → B → A : 60 + 80 + 70 + 50 + 40 + 50 = 350km

42. ④

경제성을 먼저 계산해 보면
- 렌터카 = $(50 + 10) \times 3 = \$180$
- 택시 = $1 \times (100 + 50 + 50) = \$200$
- 대중교통 = $40 \times 4 = \$160$

위 결과를 평가표에 반영하면

이동수단	경제성	용이성	안전성	합계
렌터카	중 → 2	상 → 3	하 → 2	7
택시	하 → 1	중 → 2	중 → 4	7
대중교통	상 → 3	하 → 1	중 → 4	8

대중교통으로 비용은 $160이다.

43. ②

	김부장	최과장	오과장	홍대리
외국어 성적	25점	25점	40점	
근무 경력	20점	20점	14점	
근무 성적	9점	10점	9점	근무경력이 5년 미만이므로 선발 자격이 없다.
포상	10점	20점	0점	
계	64점	75점	63점	

44. ①

	김부장	최과장	오과장	홍대리
외국어 성적	20점	20점	32점	
근무 경력	40점	28점	20점	근무경력이 5년 미만이므로 선발 자격이 없다.
근무 성적	9점	10점	9점	
포상	5점	10점	0점	
계	74점	68점	61점	

45. ②

$1G = 1000M \rightarrow 5.6G = 5600M$
A사 : $3,000 + 7.4 \times (5,600 - 2,000)/100 = 3,266.4$
B사 : $2,700 + 10 \times (5,600 - 2,000)/100 = 3,060$
C사 : $3,500 + 7 \times (5,600 - 2,000)/100 = 3,752$
D사 : $3,200 + 6.8 \times (5,600 - 2,000)/100 = 3444.8$
E사 : $2,850 + 8.2 \times (5,600 - 2,000)/100 = 3,145.2$
따라서 B사를 사용하는 것이 가장 좋다

46. ①

㉠ 1일째와 2일째는 일비가 각각 80달러이고, 3일째는 여비액이 다를 경우 많은 액을 기준으로 삼는다 했으므로 80달러, 4~6일째는 각각 70달러이다. 따라서 총일비는 450달러이다.

㉡ 1일째에서 2일째로 넘어가는 밤에는 항공편에서 숙박했고, 2일째에서 3일째 넘어가는 밤에는 숙박비가 233달러이다. 3일째에서 4일째로 넘어가는 밤과 4일째에서 5일째로 넘어가는 밤에는 각각 숙박비가 164달러이다. 5일째에서 6일째로 넘어가는 밤에는 항공편에서 숙박했다. 따라서 총숙박비는 561달러이다.

47. ②

물티슈의 재고는 1개로 가장 적게 남아있다.

48. ③

③ $(2,000 \times 10) + (1,600 \times 8)$

   $= 20,000 + 12,800$

   $= 32,800$

① 믹스커피 1BOX + 수정액 2개 = $15,000 + (5,000 \times 2) = 15,000 + 10,000 = 25,000$

② 형광펜 30자루 + 서류봉투 10장 = $(500 \times 30) + (700 \times 10) = 15,000 + 7,000 - 22,000$

④ 휴지 1롤 + 물티슈 3개 = $18,000 + (2,500 \times 3) = 18,000 + 7,500 = 25,500$

⑤ 물티슈 4개 + 휴지 1롤 = $(2,500 \times 4) + 18,000 = 10,000 + 18,000 = 28,000$

49. ①

파주 : $50 + 50 + 80 = 180$

인천 : $50 + 100 + 70 = 220$

철원 : $80 + 70 + 100 = 250$

구리 : $70 + 70 + 50 = 190$

50. ②

파주 : $(50 \times 800) + (50 \times 300) + (80 \times 400) = 40,000 + 15,000 + 32,000 = 87,000$

인천 : $(50 \times 500) + (100 \times 400) + (70 \times 300) = 25,000 + 40,000 + 21,000 = 86,000$

철원 : $(80 \times 500) + (100 \times 800) + (70 \times 300) = 40,000 + 80,000 + 21,000 = 141,000$

구리 : $(50 \times 500) + (70 \times 800) + (70 \times 400) = 25,000 + 56,000 + 28,000 = 109,000$

51. ③

절전모드 실행 중에는 전원버튼을 눌러 켠 후 문서를 넣어 사용할 수 있으므로 정상 작동하지 않는 원인이라고 볼 수 없다.

52. ⑤

'세단대기'는 세단할 문서를 문서투입구에 넣을 준비가 되어 있는 상태를 나타내므로 조치를 취해야 함을 알리는 나머지 OLED 표시부 표시들과는 성격이 다르다.

① 문서가 과도하게 투입된 경우이다.
② 파지함에 파지가 꽉 찼거나 파지 감지스위치에 이물질이 쌓여있는 경우이다.
③ 과도한 투입 및 장시간 연속동작의 경우이다.
④ 프런트 도어를 열고 파지함을 비워야 하는 경우이다.

53. ①

• 1단계

9	3	8	1	5	9	3	3	4	7	1	2
×1	×3	×1	×3	×1	×3	×1	×3	×1	×3	×1	×3
=9	=9	=8	=3	=5	=27	=3	=9	=4	=21	=1	=6

• 2단계 → $9+9+8+3+5+27+3+9+4+21+1+6=105$
• 3단계 → $105 \div 10 = 10 \cdots 5$
• 4단계 → $10-5=5$
따라서 체크기호는 5가 된다.

54. ④

- 4단계 → $10-3=7$
- 3단계 → 10으로 나누었을 때 나머지가 7이 되는 수
- 1단계

2	5	7	3	1	2	0	0	2	8	x	y
$\times 1$	$\times 3$	$\times 1$	$\times 3$	$\times 1$	$\times 3$	$\times 1$	$\times 3$	$\times 1$	$\times 3$	$\times 1$	$\times 3$
$=2$	$=15$	$=7$	$=9$	$=1$	$=6$	$=0$	$=0$	$=2$	$=24$	$=x$	$=3y$

- 2단계 → $2+15+7+9+1+6+2+24+x+3y=66+x+3y$

① $10 \rightarrow 66+1+0=67 \rightarrow$ 10으로 나누었을 때 나머지가 7이 되는 수

② $23 \rightarrow 66+2+9=77 \rightarrow$ 10으로 나누었을 때 나머지가 7이 되는 수

③ $52 \rightarrow 66+5+6=77 \rightarrow$ 10으로 나누었을 때 나머지가 7이 되는 수

④ $68 \rightarrow 66+6+24=96 \rightarrow$ 10으로 나누었을 때 나머지가 6이 되는 수

⑤ $94 \rightarrow 66+9+12=87 \rightarrow$ 10으로 나누었을 때 나머지가 7이 되는 수

55. ②

첫 번째 상태와 나중 상태를 비교해 보았을 때, 기계의 모양이 바뀐 것은 2번과 3번이며, 모든 기계의 작동 상태가 바뀌었다. 모든 기계의 작동 상태를 바꾸고(♥), 2번과 3번을 회전시키면(♧) 된다.

56. ③

첫 번째 상태와 나중 상태를 비교해 보았을 때, 기계의 모양이 바뀐 것은 1번과 4번이며, 모든 기계의 작동 상태가 바뀌어 있다. 1번과 2번 기계를 회전시키고(○), 2번과 4번을 회전시키면(♣) 2번은 원래의 모양으로 돌아온다. 이 상태에서 모든 기계의 작동 상태를 바꾸면(♥) 된다.

57. ④

첫 번째 상태와 나중 상태를 비교해 보았을 때, 기계의 모양이 바뀐 것은 3번과 4번이며 작동 상태가 바뀌어 있는 것도 3번과 4번이다. 2번과 3번을 회전시키고(♧) 2번 4번을 회전시키면(♣) 2번은 원래의 모양으로 돌아온다. 이 상태에서 3번과 4번의 작동 상태를 바꾸면(◐) 된다.

58. ③

③은 냄새가 나는 경우 확인해봐야 하는 사항이다.

59. ④

④는 세척이 잘 되지 않는 경우의 조치방법이다.

60. ②

버튼 잠금 설정이 되어 있는 경우 '헹굼/건조'와 '살균' 버튼을 동시에 2초간 눌러서 해제할 수 있다.

1. ③

㉠ 뚜껑과 도자기 몸체는 한 점으로 분류된다.

㉡ 파편을 찾을 수 없으면 결손이고 결손은 복원의 대상이 된다.

㉢ 재료만 동일하고 제작기법, 문양, 형태는 모두 다르다.

㉣ 한 쌍일 때도 한 점, 한 짝만 있을 때도 한 점으로 계산된다.

㉤ 파편이 발견되면 기존의 철불과 일괄로 한 점 처리된다.

2. ④

밑줄 친 '늘리고'는 '시간이나 기간이 길어지다.'의 뜻으로 쓰였다. 따라서 이와 의미가 동일하게 쓰인 것은 ④이다.

① 물체의 넓이, 부피 따위를 본디보다 커지게 하다.

② 살림이 넉넉해지다.

③ 힘이나 기운, 세력 따위가 이전보다 큰 상태가 되다.

⑤ 재주나 능력 따위를 나아지게 하다.

3. ④

① 단절 전 형성 방식은 이동단말기와 기존 기지국 간의 통화 채널이 단절되기 전에 새로운 기지국과의 통화 채널을 형성하는 방식이다. 각 기지국이 같은 주파수를 사용하고 있다면, 그런 주파수 조정이 필요 없으며 새로운 통화 채널을 형성하고 나서 기존 통화 채널을 단절할 수 있다.

② 신호의 세기가 특정값 이하로 떨어지게 되면 핸드오버가 명령되어 이동단말기와 새로운 기지국 간의 통화 채널이 형성된다. 형성 전 단절 방식과 단절 전 형성 방식의 차이와는 상관 없다.

③ 새로운 기지국 간의 통화 채널이 형성되어야 함도 포함되어야 한다.

⑤ 핸드오버는 신호 세기가 특정값 이하로 떨어질 때 발생하는 것이지 이동단말기와 기지국 간 상대적 신호 세기와는 관계가 없다.

4. ④

㈐에서 월빙에 대한 화두를 던지고 있으나, ㈑에서 반전을 이루며 인간의 건강이 아닌 환경의 건강을 논하고자 하는 필자의 의도를 읽을 수 있다. 이에 따라 환경 파괴에 의한 생태계의 변화와 그러한 상태계의 변화가 곧 인간에게 영향을 미치게 된다는 논리를 펴고 있으므로 이어서 ㈎, ㈏의 문장이 순서대로 위치하는 것이 가장 적절한 문맥의 흐름이 된다.

5. ⑤

동물은 스스로 생각하거나 느낄 수 없다는 말과 애완동물인 강아지에게 생각과 느낌이 있다고 생각한다는 말은 역접의 관계에 있으므로 '그러나', '하지만' 등의 접속사가 ㉠에 적절한 것으로 볼 수도 있지만 다음에 이어지는 ㉡에서 강아지에게 생각과 느낌이 있다고 생각한다는 의견에 대한 반론이 시작되고 있어 오히려 역접 접속사는 ㉡에 와야 한다. 따라서 ㉠에는 주장한 내용에 대한 반론이 있을 수 있음을 인정하는 '물론' 정도의 접속사가 전체 문맥을 유지하는 데 가장 적절하다.

6. ③

주어진 자료를 빠르게 이해하여 문제가 요구하는 답을 정확히 찾아내야 하는 문제로, NCS 의사소통능력의 빈출 문서이다.
제1조에 을(乙)은 갑(甲)에게 계약금 → 중도금 → 잔금 순으로 지불하도록 규정되어 있다.
① 제1조에 중도금은 지불일이 정해져 있으나, 제5조에 '중도금 약정이 없는 경우'가 있을 수 있음이 명시되어 있다.
② 제4조에 명시되어 있다.
④ 제5조의 규정으로, 을(乙)이 갑(甲)에게 중도금을 지불하기 전까지는 을(乙), 갑(甲) 중 어느 일방이 본 계약을 해제할 수 있다. 단, 중도금 약정이 없는 경우에는 잔금 지불하기 전까지 계약을 해제할 수 있다.
⑤ 제6조에 명시되어 있다.

7. ④

아동기를 거쳐 청소년기에 이르기까지 교육이 청소년에게 미치는 영향과 관련한 내용을 다루고 있으므로 교육적인 관점에서의 규정을 내리고 있다고 할 수 있다.

① 아동복지법, 청소년보호법 등에서 규정하는 연령 등에 대한 구분이 법적 관점에서의 규정이라고 할 수 있다.

② 부모와의 관계, 의존도 등에 의한 관점이 사회적 관점이라고 할 수 있다.

③ 사회적 관점과 비슷하여 심리적인 독립이 확립되었는지의 유무에 의한 규정이라고 할 수 있다.

⑤ 경제적인 부분에 대한 언급은 제시되어 있지 않다.

8. ②

'일렉트론'이 주목받은 이유는 두 개의 단락으로 설명되고 있다. 앞 단락에서는 전기모터로 에너지를 공급하는 신개념 로켓엔진을 장착했다는 점을, 뒤의 단락에서는 3D 프린터로 출력한 부품으로 엔진을 만들었다는 점을 강조하고 있다. 따라서 이 두 가지 점이 로켓의 시험발사가 주목받는 이유가 되어야 한다고 보아야 한다.

9. ③

③ 우리나라에서는 바다거북·장수거북·남생이·자라 등 4종이 알려져 있지만 이들이 우리나라에만 서식하는 고유종으로 보기는 어렵다.

10. ②

보기에서 십장생은 "민간신앙 및 도교에서 불로장생을 상징하는 열 가지의 사물로 보통 '해·달·산·내·대나무·소나무·거북·학·사슴·불로초' 또는 '해·돌·물·구름·대나무·소나무·불로초·거북·학·산'을 이른다."라고 명시되어 있으므로 바람은 십장생에 속하지 않다고 볼 수 있다.

11. ①

1	1^3	3	3^3	5	5^3

12. ①

11^2 9^2 7^2 5^2 순으로 감소하고 있으므로 $3^2 = 9$

13. ②

현재 아버지의 나이를 x라 하면, 어머니의 나이는 $\dfrac{4}{5}x$

2년 후 아들과 어머니의 나이의 조건을 살펴보면 $\left(\dfrac{4}{5}x + 2\right) + \left\{\dfrac{1}{3}(x+2)\right\} = 65$

따라서 $x = 55$이므로 아버지의 나이는 55세, 어머니는 44세, 아들은 17세가 된다.

$55 + 44 + 17 = 116$

14. ①

걷는 속도를 분당 x라 하면

$30 \times 0.5 + 20 \times x = 19$

$\therefore x = 0.2km$

15. ④

설탕 15g으로 10%의 설탕물을 만들었으므로 물의 양을 x라 하면,

$\dfrac{15}{x+15} \times 100 = 10\%$에서 $x = 135$

여기에서 설탕물을 끓여 농도가 20%로 되었으므로, 이때의 물의 양을 다시 x라 하면,

$\dfrac{15}{x+15} \times 100 = 20\%$에서 $x = 60$

여기에서 물 15g을 더 넣었으므로

$\dfrac{15}{60+15+15} \times 100 = 16.67\%$

약 17%

16. ②

작년 연봉을 x라 할 때,

$1.2x + 500 = 1.6x$

$x = 1,250$, 올해 연봉은 $1,250 \times 1.2 = 1,500$(만 원)

17. ③

㉠ 산업용 도로 4km의 건설비$= (300 \div 60) \times 4 = 20$억 원

㉡ 산업관광용 도로 5km의 건설비$= (400 \div 100) \times 5 = 20$억 원

∴ $24 + 20 = 40$억 원

18. ①

빈칸을 채우면 다음과 같다.

응답자의 종교 후보	불교	개신교	가톨릭	기타	합
A	130	㈎ 130	60	300	(620)
B	260	(100)	30	350	740
C	(195)	㈏ 130	45	300	㈐ 670
D	65	40	15	(50)	(170)
계	650	400	150	1,000	2,200

19. ①

㉠ 2021년의 공과대학 전체 지원자 수를 x라 하면,

$$27(\%) = \frac{270(\text{명})}{x(\text{명})} \times 100 \quad \therefore x = 1,000\text{명}$$

㉡ 2020년도의 건축공학과를 지원한 학생 수를 y라 하면,

$$24.2(\%) = \frac{y(\text{명})}{1,000(\text{명})} \times 100 \quad \therefore y = 242\text{명}$$

㉢ 2021년 건축공학과 지원자 수는 270명이고 2020년 지원자 수는 242명이므로,
2021년 건축공학과 지원자 수는 2020년 대비 28명이 증가하였다.

20. ③

- $1km$ 당 산업용 도로의 건설비 $= \dfrac{300}{55} ≒ 5.5$(억 원)
- $3km$ 당 산업용 도로의 건설비 $= 5.5 \times 3 ≒ 16.5$(억 원)

21. ②

모든 호랑이는 어떤 육식동물에 포함되므로 '모든 호랑이는 노래를 잘한다.'라는 전제를 통해 참이 되는 것을 알 수 있다.

22. ③

어떤 여우는 뱀을 먹는다.→뱀을 먹는 동물은 개구리를 먹는다.

∴ 어떤 여우는 개구리를 먹는다.

23. ③

경제가 어려워지거나 부동산이 폭락한다고 했는데 부동산이 폭락한 것은 아니므로, 경제가 어려워진다. 두 번째 조건의 대우에 의하면 긴축정책을 시행하면 물가가 오르지 않는다. 즉, 경제가 어려워진다면 긴축정책이 시행되고, 긴축정책을 시행하면 물가가 오르지 않는다.

24. ②

갑, 을, 병의 진술과 과음을 한 직원의 수를 기준으로 표를 만들어 보면 다음과 같다.

진술자 \ 과음직원	0명	1명	2명	3명
갑	거짓	참	거짓	거짓
을	거짓	거짓	참	거짓
병	거짓	참	참	거짓

- 과음을 한 직원의 수가 0명인 경우, 갑, 을, 병 모두 거짓을 말한 것이 되어 결국 모두 과음을 한 것이 된다. 따라서 이 경우는 과음을 한 직원의 수가 0명이라는 전제와 모순이 생기게 된다.
- 과음을 한 직원의 수가 1명인 경우, 을만 거짓을 말한 것이므로 과음을 한 직원의 수가 1명이라는 전제에 부합한다. 이 경우에는 을이 과음을 한 것이 되며, 갑과 병은 과음을 하지 않은 것이 된다.

• 과음을 한 직원의 수가 2명인 경우, 갑만 거짓을 말한 것이 되므로 과음을 한 직원의 수가 1명이 된다. 따라서 이 역시 과음을 한 직원의 수가 2명이라는 전제와 모순이 생기게 된다.

• 과음을 한 직원의 수가 3명인 경우, 갑, 을, 병 모두 거짓을 말한 것이 되어 과음을 한 직원의 수가 3명이 될 것이며, 이는 전제와 부합하게 된다.

따라서 4가지의 경우 중 모순 없이 발생 가능한 경우는 과음을 한 직원의 수가 1명 또는 3명인 경우가 되는데, 이 두 경우에 모두 거짓을 말한 을은 과음을 한 직원이라고 확신할 수 있다. 그러나 이 두 경우에 모두 사실을 말한 사람은 없으므로, 과음을 하지 않은 것이 확실한 직원은 아무도 없다.

25. ②

㉠ 갑 : 브랜드명성이 가장 좋게 평가된 A 브랜드 제품을 선택한다.

㉡ 을 : 각 제품의 속성을 종합적으로 평가하면 다음과 같다.

• A : 10+4+8+9=31

• B : 7+8+6+6=27

• C : 7+5+7+3=22

∴ A 브랜드 제품을 선택한다.

㉢ 병 : 경제성 점수가 가장 높은 B 브랜드 제품을 선택한다.

26. ②

남자사원의 경우 ㉡, ㉥, ㉦에 의해 다음과 같은 두 가지 경우가 가능하다.

	월요일	화요일	수요일	목요일
경우 1	치호	영호	철호	길호
경우 2	치호	철호	길호	영호

[경우 1]

옥숙은 수요일에 보낼 수 없고, 철호와 영숙은 같이 보낼 수 없으므로 옥숙과 영숙은 수요일에 보낼 수 없다. 또한 영숙은 지숙과 미숙 이후에 보내야 하고, 옥숙은 지숙 이후에 보내야 하므로 조건에 따르면 다음과 같다.

	월요일	화요일	수요일	목요일
남	치호	영호	철호	길호
여	지숙	옥숙	미숙	영숙

[경우 2]

		월요일	화요일	수요일	목요일
	남	치호	철호	길호	영호
경우 2-1	여	미숙	지숙	영숙	옥숙
경우 2-2	여	지숙	미숙	영숙	옥숙
경우 2-3	여	지숙	옥숙	미숙	영숙

문제에서 영호와 옥숙을 같이 보낼 수 없다고 했으므로, [경우 1], [경우 2-1], [경우 2-2]는 해당하지 않는다. 따라서 [경우 2-3]에 의해 목요일에 보내야 하는 남녀사원은 영호와 영숙이다.

27. ①

1명은 맞고 2명은 틀리다는 것을 생각하면

간부 1의 말이 참이면, 간부 3의 말도 참이다. 그러면 모순이다.

간부 2의 말이 참이면, 간부 1의 말은 거짓이고, 간부 3의 말도 반드시 거짓이 되어야 한다.

만약 간부 2의 말이 0명을 가리킨다면 간부 1과 간부 3의 말은 거짓이 된다.

간부 3의 말이 참이면, 간부 1 또는 간부 2의 말이 참이 된다. 그러면 모순이다.

28. ③

조건에 따라 그림으로 나타내면 다음과 같다. 네 번째 술래는 C가 된다.

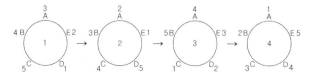

29. ④

B는 D의 바로 앞의 순번이므로 B와 D는 붙어있다는 점과 E 앞에 2명 이상 뒤에는 C가 있다는 점을 확인해보면 E는 네 번째 순번에 온다는 점을 확인할 수 있다. 만약 E가 세 번째 순번일 경우 E 뒤에는 C 순번이 오게되므로 한순번밖에 안 남게 되므로 B와 D는 첫 번째, 두 번째 순번만 나오게 된다. 이럴 경우 A가 네 번째 혹은 다섯 번째 순서로 오게 된다. 하지만 세 번째 조건에 의해 A의 순번 뒤에는 2명이 있다 하였으므로 이는 옳지 않게 된다. 따라서 E는 네 번째 순번이 매겨지게 된다.

위 내용 및 나머지지 조건에 따라 순번을 매겨 높은 순으로 정리하면 BDAEC가 된다.

30. ③

㉠ "옆에 범인이 있다."고 진술한 경우를 ○, "옆에 범인이 없다."고 진술한 경우를 ×라고 하면

1	2	3	4	5	6	7	8	9
○	×	×	○	×	○	○	○	×
							시민	

• 9번이 범인이라고 가정하면

　9번은 "옆에 범인이 없다."고 진술하였으므로 8번과 1번 중에 범인이 있어야 한다. 그러나 8번이 시민이므로 1번이 범인이 된다. 1번은 "옆에 범인이 있다."라고 진술하였으므로 2번과 9번에 범인이 없어야 한다. 그러나 9번이 범인이므로 모순이 되어 9번은 범인일 수 없다.

• 9번이 시민이라고 가정하면

　9번은 "옆에 범인이 없다."라고 진술하였으므로 1번도 시민이 된다. 1번은 "옆에 범인이 있다."라고 진술하였으므로 2번은 범인이 된다. 2번은 "옆에 범인이 없다."라고 진술하였으므로 3번도 범인이 된다. 8번은 시민인데 '옆에 범인이 있다."라고 진술하였으므로 9번은 시민이므로 7번은 범인이 된다. 그러므로 범인은 2, 3, 7번이고 나머지는 모두 시민이 된다.

㉡ 모두가 "옆에 범인이 있다."라고 진술하면 시민 2명, 범인 1명의 순으로 반복해서 배치되므로 옳은 설명이다.

㉢ 다음과 같은 경우가 있음으로 틀린 설명이다.

1	2	3	4	5	6	7	8	9
○	○	○	○	○	○	○	×	○
범인	시민	시민	범인	시민	범인	시민	시민	시민

31. ⑤

지정 범위에서 인수의 순위를 구하는 경우 'RANK' 함수를 사용한다. 이 경우, 수식은 '=RANK(인수, 범위, 결정 방법)'이 된다. 결정 방법은 0 또는 생략하면 내림차순, 0 이외의 값은 오름차순으로 표시하게 된다.

32. ②

'COUNT' 함수는 인수 목록에서 숫자가 들어 있는 셀의 개수를 구할 때 사용되는 함수이며, 인수 목록에서 공백이 아닌 셀과 값의 개수를 구할 때 사용되는 함수는 'COUNTA' 함수이다.

33. ④

VLOOKUP은 범위의 첫 열에서 찾을 값에 해당하는 데이터를 찾은 후 찾을 값이 있는 행에서 열 번호 위치에 해당하는 데이터를 구하는 함수이다. 단가를 찾아 연결하기 위해서는 열에 대하여 '항목'을 찾아 단가를 구하게 되므로 VLOOKUP 함수를 사용해야 한다.

찾을 방법은 TRUE(1) 또는 생략할 경우, 찾을 값의 아래로 근삿값, FALSE(0)이면 정확한 값을 표시한다. VLOOKUP(B2,$A$8:$B$10,2,0)은 'A8:B10' 영역의 첫 열에서 '식비'에 해당하는 데이터를 찾아 2열에 있는 단가 값인 6500을 선택하게 된다.

따라서 '=C2*VLOOKUP(B2,$A$8:$B$10,2,0)'은 10 × 6500이 되어 결과값은 65000이 되며, 이를 드래그하면, 각각 129000, 42000, 52000의 사용금액을 결과값으로 나타내게 된다.

34. ④

미세먼지에 대한 것은 휴가 첫날인 10월 13일 선영이가 휴가일정을 체크하는 현재 시간에 "보통"임을 알 수 있으며 10월 14일~15일까지의 미세먼지에 대한 정보는 제시된 자료상에서는 알 수 없다.

35. ④

제시된 내용은 폰 노이만에 의해 소개된 '프로그램 내장방식'이다. 이 개념은 데이터뿐만 아니라 컴퓨터의 명령을 컴퓨터 내부 기억 장치 내에 기억하는 것으로, 이 명령은 더 빠르게 접근되고, 더 쉽게 변경된다.

36. ②

클라우드 컴퓨팅이란 인터넷을 통해 제공되는 서버를 활용해 정보를 보관하고 있다가 필요할 때 꺼내 쓰는 기술을 말한다. 따라서 클라우드 컴퓨팅의 핵심은 데이터의 저장 · 처리 · 네트워킹 및 다양한 어플리케이션 사용 등 IT 관련 서비스를 인터넷과 같은 네트워크를 기반으로 제공하는데 있어, 정보의 보관 분야에 있어 획기적인 컴퓨팅 기술이라고 할 수 있다.

37. ①

㈎ RFID : IC칩과 무선을 통해 식품·동물·사물 등 다양한 개체의 정보를 관리할 수 있는 인식 기술을 지칭한다. '전자태그' 혹은 '스마트 태그', '전자 라벨', '무선식별' 등으로 불린다. 이를 기업의 제품에 활용할 경우 생산에서 판매에 이르는 전 과정의 정보를 초소형 칩(IC칩)에 내장시켜 이를 무선주파수로 추적할 수 있다.

㈏ 유비쿼터스 : 유비쿼터스는 '언제 어디에나 존재한다.'는 뜻의 라틴어로, 사용자가 컴퓨터나 네트워크를 의식하지 않고 장소에 상관없이 자유롭게 네트워크에 접속할 수 있는 환경을 말한다.

㈐ VoIP : VoIP(Voice over Internet Protocol)는 IP 주소를 사용하는 네트워크를 통해 음성을 디지털 패킷(데이터 전송의 최소 단위)으로 변환하고 전송하는 기술이다. 다른 말로 인터넷전화라고 부르며, 'IP 텔레포니' 혹은 '인터넷 텔레포니'라고도 한다.

38. ④

NA – 16 – IND – 1B – 1911가 있으므로 2019년에 제조된 냉장고도 창고에 있다.

39. ②

② 인도네시아에서 제조된 제품은 9개이다.

40. ②

[제품 종류] – [모델 번호] – [생산 국가] – [공장과 라인] – [제조연월]
AI(에어컨) – 12 – KOR – 1A – 2104

41. ④

① 갑은 모든 조건에 만족하나 기획팀은 인원 TO가 없으므로 합격이 어렵다.
② 을은 영업팀을 지원했으나 운전면허가 없으므로 합격이 어렵다.
③ 병은 해외사업팀을 지원했으나 2개 국어만 가능하므로 합격이 어렵다.
⑤ 무는 모든 조건에 만족하나 기획팀은 인원 TO가 없으므로 합격이 어렵다.

42. ②

학점 3.8 이상 / TOEIC 890 이상, 4년제 수도권 대학 졸업은 우대사항이지 필수사항이 아니다.

43. ①

모든 사람이 한 국가 이상 출장을 가야 한다고 했으므로 김과장은 꼭 중국을 가야 하며, 장과장은 꼭 일본을 가야 한다. 또한 영국으로 4명이 출장을 가야 되고, 출장 가능 직원도 4명이므로 이과장, 신과장, 류과장, 임과장이 영국을 가야 한다. 4국가 출장에 필요한 직원은 12명인데 김과장과 장과장이 1국가 밖에 못가므로 나머지 5명이 2국가를 출장간다는 것에 주의한다.

	출장가는 직원
미국(1명)	이과장
영국(4명)	류과장, 이과장, 신과장, 임과장
중국(3명)	김과장, 최과장, 류과장
일본(4명)	장과장, 최과장, 신과장, 임과장

44. ④

기차까지 30분, 고속버스터미널까지 15분
㉠ 8:25＋30분＋5시간＋10분＝14:05
㉡ 7:20＋15분＋10분＋6시간＋10분＝13:55
㉢ 7:25＋30분＋20분＋5시간 30분＋10분＝13:55
㉣ 8:05＋15분＋5시간 25분＋10분＝13:55
㉤ 7:30＋15분＋15분＋6시간 10분＋10분＝14:20
따라서 오후 2시(14:00) 전까지 도착할 수 있는 선택지는 ㉡,㉢,㉣ 3가지이며 이 중 비용이 가장 적게 들어가는 선택지는 ㉣이다.

45. ④

정이가 갈 수 있는 방법들의 최소 거리

집－학교－병원－도서관－집 : $0.5+0.2+0.5+1.5=2.7km$

집－학교－도서관－병원－집 : $0.5+0.9+0.5+1.6=3.5km$

집－병원－학교－도서관－집 : $1.6+0.2+0.9+1.5=4.2km$

집－병원－도서관－학교－집 : $1.6+0.5+0.9+0.5=3.5km$

집－도서관－학교－병원－집 : $1.5+0.9+0.2\ 1.6=4.2m$

집－도서관－병원－학교－집 : $1.5+0.5+0.2+0.5=2.7km$

따라서 정이가 집에서 출발하여 모든 장소를 한 번만 거치고 바로 집으로 돌아오는 최소 거리는 2.7km가 된다.

46. ④

㉠ 9:25에 A구역에 있던 닭 21마리에서 9:41에 D구역으로 1마리, 10:00에 C구역으로 1마리가 이동하였고 10:01에 D구역에서 3마리가 이동했으므로 10:30에 A구역에 있는 닭은 $21-1-1+3=22$마리이다.

㉡ 9:10에 B구역에 잇던 닭 17마리에서 9:20에 5마리가 넘어오고, 9:57에 4마리가 넘어갔으므로 B구역의 닭은 $17+5-4=18$마리이다.

㉢ 9:40에 C구역에 있던 닭은 8마리에서 10:00에 1마리가 넘어오고 10:28에 2마리가 넘어왔으므로 C구역의 닭은 $8+1+2=11$마리이다.

㉣ 9:55에 D구역에 있던 닭은 11마리에서 9:57에 4마리가 넘어오고 10:01에 3마리, 10:28에 2마리가 넘어갔으므로 D구역의 닭은 $11+4-3-2=10$마리이다.

47. ⑤

위에서 구한 것을 참고하면 $22+18+11+10=61$이다.

48. ④

제외건수가 매일 5건씩 감소한다고 했으므로 11일째 되는 날 제외건수가 0이 되고 일별 심사 비용은 총 16.5억 원이 된다.

49. ⑤

(70억－16.5억)/500건＝1,070만 원

50. ③

사원별로 성과상여금을 계산해보면 다음과 같다.

사원	평점 합	순위	산정금액
수현	20	5	200만 원×100%=200만 원
이현	25	3	200만 원×130%=260만 원
서현	22	4	500만 원×80%=400만 원
진현	18	6	500만 원×80%=400만 원
준현	28	1	400만 원×150%=600만 원
지현	27	2	400만 원×150%=600만 원

가장 많이 받은 금액은 600만 원이고 가장 적게 받은 금액은 200만 원이므로 이 둘의 차는 400만 원이다.

51. ②

② 화면에 '메모리 카드 공간이 충분하지 않습니다.'라는 문구가 떴을 때 취해야 할 방법은 불필요한 파일을 삭제한 후 편집기능을 실행하는 것이다.

52. ④

캠코더 화면에 '쓰기 실패하였습니다.'라는 문구가 뜰 경우 대처 방법
• 데이터 복구를 위해 기기를 껐다가 다시 켠다.
• 중요한 파일은 컴퓨터에 복사한 후 저장매체를 포맷한다.

53. ④

④는 흡입력이 약해졌을 때의 조치방법이다.

54. ②

로봇청소기가 충전 중이지 않은 상태로 아무 동작 없이 10분이 경과되면 자동으로 충전대 탐색을 시작한다. 충전대 탐색에 성공하면 충전을 시작하고 충전대를 찾지 못하면 처음위치로 복귀하여 10분 후에 자동으로 전원이 꺼진다.

55. ③

① 충전이 되지 않을 때의 조치방법이다.

② 회전솔이 회전하지 않을 때의 조치방법이다.

④ 흡입력이 약해졌을 때의 조치방법이다.

⑤ 리모컨으로 작동시킬 수 없을 때의 조치방법이다.

56. ⑤

처음 상태와 나중 상태를 비교해보았을 때, 기계의 모양이 바뀐 것은 1번과 4번이다.

스위치가 두 번 눌러서 1번과 4번의 모양만 바꾸기 위해서는 1번, 2번 기계를 회전(☆)시키고 다시 2번, 4번 기계를 회전(◆)시키는 스위치를 누르면 된다.

57. ③

처음 상태와 나중 상태를 비교해보았을 때, 기계의 모양이 바뀐 것은 3번과 4번이다.

스위치가 두 번 눌러서 3번과 4번의 모양만 바꾸기 위해서는 2번, 3번 기계를 회전(◇)시키고 다시 2번, 4번 기계를 회전(◆)시키는 스위치를 누르면 된다.

58. ④

스위치를 세 번 눌러 처음 상태와 나중 상태에서 모양이 변화한 기계가 없으므로 1번, 2번 기계를 회전(☆)하고, 1번, 3번 기계를 회전(★)하면 1번 기계는 원래대로 돌아가서 2번, 3번 기계는 처음 상태에서 회전되어 있는 상태이므로 2번, 3번 기계를 회전(◇)시켜주면 처음과 똑같은 상태가 된다.

59. ④

360도 회전비행을 위해서는 360도 회전비행을 먼저 눌러야 하며 부품별 기능표의 ⑤번 버튼이 이에 해당된다. 다음으로 오른쪽 이동방향 조작 레버를 원하는 방향으로 조작하여야 하므로 ③번 버튼을 조작해야 한다.

60. ①

① 사용자를 위해 제품의 특징이나 기능 설명, 사용방법과 고장 조치방법, 유지보수 및 A/S, 폐기 등 제품과 관련된 모든 서비스에 대해 소비자가 알아야 할 모든 정보를 제공한 매뉴얼이다.

1. ③

① **개과불린** : 허물을 고침에 인색하지 않음을 이르는 말
② **경거망동** : 경솔하여 생각 없이 망령되게 행동함. 또는 그런 행동
③ **교각살우** : 소의 뿔을 바로잡으려다가 소를 죽인다는 뜻으로, 잘못된 점을 고치려다가 그 방법이나 정도가 지나쳐 오히려 일을 그르침을 이르는 말
④ **부화뇌동** : 우레 소리에 맞춰 함께 한다는 뜻으로, 자신의 뚜렷한 소신 없이 그저 남이 하는 대로 따라가는 것을 이르는 말
⑤ **낭중지추** : 주머니 속의 송곳이라는 뜻으로, 재능이 뛰어난 사람은 숨어 있어도 저절로 사람들에게 알려짐을 이르는 말

2. ①

ⓔ 화제제시 → ⓛ 문제제기 → ⓒ 예시(구체화) → ㉠ 결론의 순서로 배열하는 것이 적절하다. 특히 위의 지문에서는 ⓔ을 제외한 나머지 문장의 시작에 모두 접속사가 존재하므로 접속사를 통해서 글의 순서를 배열하면 더욱 쉽게 문제를 풀 수 있다.

3. ③

절약은 소비를 줄이는 행동이지만 이를 통해 원자로 1기를 덜 지어도 동일한 생산 효과를 얻을 수 있다는 것이다.

4. ②

합리적 의사결정의 조건으로 회의에서 논의된 내용이 투명하게 공개되어야 한다는 조건을 명시하고 있으나, ㉠과 ⓒ에서는 비공개주의를 원칙으로 하고 있기 때문에 조건에 위배된다.

5. ⑤

제브라 피쉬의 실험은 햇빛의 자외선으로부터 줄기세포를 보호하는 멜라닌 세포를 제거한 후 제브라 피쉬를 햇빛에 노출시켜 본 사실이 핵심적인 내용이라고 할 수 있다. 따라서 이를 통하여 알 수 있는 결론은, 줄기세포가 존재하는 장소는 햇빛의 자외선으로부터 보호받을 수 있는 방식으로 진화하게 되었다는 것이 타당하다고 볼 수 있다.

6. ③

흡습형태변형은 한쪽 면에 있는 세포의 길이(크기)가 반대 쪽 면에 있는 세포에 비해 습도에 더 민감하게 변하여, 습도가 낮아져 세포 길이가 짧아지면 그쪽 면을 향해 휘어지는 것을 의미한다고 언급되어 있다. 따라서 등에 땀이 나면 세포 길이가 더 짧은 바깥쪽으로 옷이 휘어지게 되므로 등 쪽 면에 공간이 생기게 되는 원리를 이용한 것임을 알 수 있다.

7. ①

② 관습이론의 특징에 해당한다.
③ 구조이론에서 보는 관습이론의 특징이다.
④ 갈등이론에서 법은 사회적 통합을 위한 합의의 산물이 아니라, 지배 집단의 억압 구조를 유지·강화하여 자신들의 이익을 영위하려는 하나의 수단이라고 주장한다.
⑤ 갈등이론은 전체로서의 사회적 이익이 아니라 지배집단의 이익을 영위하려 한다.

8. ①

사이버공간과 인간 공동체를 비교해 보면 사이버공간은 사이버공간 전체의 힘은 다양한 접속점들 간의 연결을 얼마나 잘 유지하느냐에 달려 있고, 인간 공동제의 힘 역시 접속점 즉 개인과 개인, 다양한 집단과 집단 간의 견고한 관계유지에 달려 있다고 본다. 그러므로 유사성을 부정하고 아닌 차이를 부각하는 내용이어야만 한다.

9. ①

㉠ 창충사는 거창의 여러 향리 가운데 신씨가 중심이 되어 세운 사당이다.

㉡ 향리들이 건립한 사당은 양반들이 건립한 사당에 비하면 얼마 되지 않는다.

㉢ 향리가 세운 서원이 존재하는지 안 하는지 알 수 없다.

㉣ 창충사에 모셔진 향리는 다섯 명이다. 원래 무신란에 죽은 향리는 일곱 명이었으나 두 명의 신씨는 사당에 모셔지지 않았다.

10. ③

㉠ 자율성주의는 예술작품에 대한 도덕적 가치판단을 범주착오에 해당하는 것으로 보기 때문에 극단적 도덕주의와 온건적 도덕주의 모두를 범주착오로 본다.

㉡ 모든 도덕적 가치가 예술작품을 통해 구현된다는 말은 언급한 적이 없다.

㉢ 극단적 도덕주의는 모든 예술작품을, 온건적 도덕주의는 일부 예술작품을 도덕적 판단의 대상으로 본다.

11. ②

+3, −5, +7로 변화 하므로 −9가 적용되면, 20−9=11

12. ①

직사각형의 넓이는 $1 \times 2 = 2$이다. 정사각형은 네 변의 길이가 모두 동일하므로 한 변의 길이를 x라고 할 때, $x^2 = 2$이므로 $x = \sqrt{2}$이다.

13. ③

처음 소금의 양을 x라 하면

농도 $= \dfrac{\text{소금의 양}}{\text{소금물의 양}} \times 100$이므로

소금물 300g에서 물 110g을 증발시킨 후 소금 10g을 더 넣은 농도=처음 농도의 2배

$\dfrac{x+10}{300-110+10} \times 100 = 2 \times \dfrac{x}{300} \times 100$

$x = 30$

처음 소금의 양이 30g이므로 처음 소금물의 농도는 $\dfrac{30}{300} \times 100 = 10\%$

14. ④

㉠ 평균 한 사람당 12,000원이므로 총 금액은 $12000 \times 7 = 84,000$원

㉡ 진표가 음료수 값까지 더 냈으므로 이 값을 제외한 금액은 $84000 - 24000 = 60,000$원

㉢ 친구 6명이서 나누어내므로, $60000 \div 6 = 10,000$원

15. ③

물통의 용량을 1이라 할 때, A관은 시간당 $\dfrac{1}{5}$만큼, B관은 시간당 $\dfrac{1}{7}$만큼의 물이 채워진다.

처음 1시간은 A관만 사용하고, 이후의 시간은 A, B관 모두 사용하였으므로 이후의 시간을 t라 할 때,

$\dfrac{1}{5} + t\left(\dfrac{1}{5} + \dfrac{1}{7}\right) = 1$, $t = \dfrac{7}{3} = 2$시간 20분

∴ 물통이 가득 찰 때까지 걸리는 시간은 3시간 20분이다.

16. ①

십의 자리 숫자를 x, 일의 자리 숫자를 y라고 할 때,

$x + y = 11 \cdots$ ㉠

$3(10y + x) + 5 = 10x + y \cdots$ ㉡

㉡을 전개하여 정리하면 $-7x + 29y = -5$이므로

㉠ $\times 7$ + ㉡을 계산하면 $36y = 72$

따라서 $y = 2$, $x = 9$이다.

17. ②

Ⓐ	$90 \times 200 = 18000$
Ⓑ	$70 \times 250 = 17500$
Ⓒ	$60 \times 350 = 21000$
Ⓓ	$50 \times 400 = 20000$
Ⓔ	$100 \times 300 = 30000$

18. ③

$$\text{층수} = \frac{\text{연면적}}{\text{건축면적}} = \frac{\text{연면적} \times 100\%}{\text{건폐율} \times \text{대지면적}}$$

· A의 층수 $= \dfrac{1,200m^2 \times 100\%}{50\% \times 400m^2} = 6$층

· B의 층수 $= \dfrac{840m^2 \times 100\%}{70\% \times 300m^2} = 4$층

· C의 층수 $= \dfrac{1,260m^2 \times 100\%}{60\% \times 300m^2} = 7$층

· D의 층수 $= \dfrac{1,440m^2 \times 100\%}{60\% \times 400m^2} = 6$층

19. ③

$5,000,000 \times 0.29\% = 14,500$원

20. ②

〈유의사항〉에 "지수상승에 따른 수익률(세전)은 실제 지수상승률에도 불구하고 연 4.67%를 최대로 한다."고 명시되어있다.

21. ④

	저번 주	이번 주
찬수	?	불참
민희	참석	불참
지민	참석	불참
태수	?	참석

22. ②

- A와 B 모두 문을 열지는 않았다. → A 또는 B가 문을 열었다.
- A가 문을 열었다면, C도 문을 열었다. → A가 문을 열지 않으면 C도 문을 열지 않는다.
- A가 문을 열지 않았다면, B가 문을 열었거나 C가 문을 열었다. → B가 문을 열었다.
- C는 문을 열지 않았다. → C가 열지 않았으므로 A도 열지 않았다.
- D가 문을 열었다면, B가 문을 열지 않았다. → B가 문을 열었으므로 D는 열지 않았다.
- D가 문을 열지 않았다면, E도 문을 열지 않았다.

A, C, D, E는 문을 열지 않았다.

23. ③

주어진 조건으로 두 가지 경우가 존재한다. 미경이의 앞의 말이 진실이고 뒤의 말이 거짓인 경우와 그 반대의 경우를 표로 나타내면 다음과 같다.

	나	타인	케이크
미경	참	거짓	먹음
진희	거짓	참	먹음
소라	참	거짓	안 먹음

	나	타인	케이크
미경	거짓	참	안 먹음
진희	참	거짓	안 먹음
소라	거짓	참	먹음

24. ②

경상도 사람은 앞에서 세 번째에 서고 강원도 사람 사이에는 다른 지역 사람이 서있어야 하므로 강원도사람은 경상도 사람의 뒤쪽으로 서게 된다. 서울 사람은 서로 붙어있어야 하므로 첫 번째, 두 번째에 선다. 충청도 사람은 맨 앞 또는 맨 뒤에 서야하므로 맨 뒤에 서게 된다. 강원도 사람 사이에는 자리가 정해지지 않은 전라도 사람이 서게 된다.

∴ 서울－서울－경상도－강원도－전라도－강원도－충청도

25. ③

주어진 조건에서 확정 조건은 다음과 같다.

B, F	A, ( )	C, D, E 중 2명
( )	갑	( )

그런데 세 번째 조건에서 을은 C와 F에게 교육을 하지 않았다고 하였으므로 F가 있는 조와 이미 갑이 교육을 하는 조를 맡지 않은 것이 된다. 따라서 맨 오른쪽은 을이 되어야 하고 B, F로 이뤄진 조는 병이 교육할 수밖에 없다.

또한 이 경우, 을이 C를 교육하지 않았다고 하였으므로 을의 조는 D와 E가 남게 되며, C는 A와 한 조가 되어 결국 다음과 같이 정리될 수 있다.

B, F	A, C	D, E
병	갑	을

따라서 'C는 갑에게 교육을 받는다.'가 정답이 된다.

26. ⑤

평가 점수를 계산하기 전에, 제안가격과 업계평판에서 90점 미만으로 최하위를 기록한 B업체와 위생도에서 최하위를 기록한 D업체는 선정될 수 없다. 따라서 나머지 A, C, E업체의 가중치를 적용한 점수를 계산해 보면 다음과 같다.

• A업체 : $84 \times 0.4 + 92 \times 0.3 + 92 \times 0.15 + 90 \times 0.15 = 88.5$점
• C업체 : $93 \times 0.4 + 91 \times 0.3 + 91 \times 0.15 + 94 \times 0.15 = 92.25$점
• E업체 : $93 \times 0.4 + 92 \times 0.3 + 90 \times 0.15 + 93 \times 0.15 = 92.25$점

C와 E업체가 동점인 상황에서 가중치가 가장 높은 제안가격의 점수가 같으므로, 다음 항목인 위생도 점수에서 더 높은 점수를 얻은 E업체가 최종 선정될 업체는 E업체가 된다.

27. ④

하나씩 표를 통해 대입해 보면 다음과 같다.

이름	우성(동건)	인성	동건(우성)
지붕 색	빨간색(파란색)	노란색	파란색(빨간색)
애완동물	개(고양이)	도마뱀	고양이(개)
직업	농부(의사)	광부	의사(농부)

㉠ 동건은 빨간 지붕 집에 살지 않고, 우성은 개를 키우지 않는다. → 거짓

㉡ 노란 지붕 집에 사는 사람은 도마뱀을 키우지 않는다. → 거짓

㉢ 동건은 파란 지붕 집에 살거나, 우성은 고양이를 키운다. → 동건이 파란 지붕에 사는 것이므로 참

㉣ 동건은 개를 키우지 않는다. → 참

㉤ 우성은 농부다. → 농부일 수도 있고 아닐 수도 있다.

28. ①

C가 4번째 정거장이므로 표를 완성하면 다음과 같다.

순서	1	2	3	4	5	6
정거장	D	F	E	C	A	B

따라서 E 바로 전의 정거장은 F이다.

29. ③

인천에서 모스크바까지 8시간이 걸리고, 6시간이 인천이 더 빠르므로

09 : 00시 출발 비행기를 타면 $9 + (8 - 6) = 11$시 도착

19 : 00시 출발 비행기를 타면 $19 + (8 - 6) = 21$시 도착

02 : 00시 출발 비행기를 타면 $2 + (8 - 6) = 4$시 도착

30. ②

실제 전투능력을 정리하면 경찰(3), 헌터(4), 의사(2), 사무라이(8), 폭파전문가(2)이다.

이를 토대로 탈출 통로의 좀비수와 처치 가능 좀비수를 계산해 보면

① 동쪽 통로 11마리 좀비

　　폭파전문가(2), 사무라이(8)하면 10마리의 좀비를 처치 가능

② 서쪽 통로 7마리 좀비

　　헌터(4), 경찰(3)하면 7마리의 좀비 모두 처치 가능

③ 남쪽 통로 11마리 좀비

　　헌터(4), 폭파전문가(2) 6마리의 좀비 처치 가능

④ 남쪽 통로 11마리 좀비

　　폭파전문자(2), 헌터(4)-전투력 강화제(2), 의사(2) 10마리의 좀비 처치 가능

⑤ 북쪽 통로 9마리 좀비

　　경찰(3), 의사(2)-전투력 강화제(1) 6마리의 좀비 처치 가능

31. ③

MID(text, start_num, num_chars)는 텍스트에서 원하는 문자를 추출하는 함수이다. 주민등록번호가 입력된 [B1] 셀에서 8번째부터 1개의 문자를 추출하여 1이면 남자, 2면 여자라고 하였으므로 답이 ③이 된다.

32. ①

엑셀 통합 문서 내에서 다음 워크시트로 이동하려면 〈Ctrl〉+〈Page Down〉을 눌러야 하며, 이전 워크시트로 이동하려면 〈Ctrl〉+〈Page Up〉을 눌러야 한다.

33. ⑤

'$'는 다음에 오는 셀 기호를 고정값으로 묶어 두는 기능을 하게 된다.
(A) : A6 셀을 복사하여 C6 셀에 붙이게 되면, 'A'셀이 고정값으로 묶여 있어 (A)에는 A6 셀과 같은 '$A$1+$A2'의 값 10이 입력된다.
(B) : (B)에는 '$'로 묶여 있지 않은 2행의 값 대신에 4행의 값이 대응될 것이다. 따라서 '$A$1+$A4'의 값인 9가 입력된다.
따라서 (A)와 (B)의 합은 10+9=19가 된다.

34. ③

디도스(DDoS)는 분산 서비스 거부 공격으로, 특정 사이트에 오버플로우를 일으켜서 시스템이 서비스를 거부하도록 만드는 것이다. 한편, 보기에 제시된 설명은 '트로이 목마'를 의미하는 내용이다.

35. ④

EBCDIC코드는 8비트의 조합에서 1자를 표현하는 부호체계로 이 8bit를 1byte라 하고, 1byte로 영자(A~Z), 숫자(0~9), 특수기호 등 256종의 문자를 표현할 수 있다.

36. ①

자연어 검색이란 컴퓨터를 전혀 모르는 사람이라도 대화하듯이, 일반적인 문장의 형태로 검색어를 입력하는 방식을 말한다. 일반적인 키워드 검색과 달리 자연어 검색은 사용자가 질문하는 문장을 분석하여 질문의 의미 파악을 통해 정보를 찾기 때문에 훨씬 더 간편하고 정확도 높은 답을 찾을 수 있다. 단순한 키워드 검색의 경우 중복 검색이 되거나 필요 없는 정보가 더 많아서 여러 차례 해당하는 정보를 찾기 위해 불편을 감수해야 하지만, 자연어 검색은 질문의 의미에 적합한 답만을 찾아주기 때문에 더 효율적이다.

② **주제별 검색 방식** : 인터넷상에 존재하는 웹 문서들을 주제별, 계층별로 정리하여 데이터베이스를 구축한 후 이용하는 방식이다. 사용자는 단지 자신이 원하는 정보를 찾을 때까지 상위의 주제부터 하위의 주제까지 분류되어 있는 내용을 선택하여 검색하면 원하는 정보를 발견하게 된다.

③ **통합형 검색 방식** : 통합형 검색 방식의 검색은 키워드 검색 방식과 매우 유사하다. 그러나 통합형 검색 방식은 키워드 검색 방식과 같이 검색 엔진 자신만의 데이터베이스를 구축하여 관리하는 방식이 아니라, 사용자가 입력하는 검색어들이 연계된 다른 검색 엔진에게 보내고, 이를 통하여 얻어진 검색 결과를 사용자에게 보여주는 방식을 사용한다.

④ **키워드 검색 방식** : 키워드 검색 방식은 찾고자 하는 정보와 관련된 핵심적인 언어인 키워드를 직접 입력하여 이를 검색 엔진에 보내어 검색 엔진이 키워드와 관련된 정보를 찾는 방식이다. 사용자 입장에서는 키워드만을 입력하여 정보 검색을 간단히 할 수 있는 장점이 있는 반면에, 키워드가 불명확하게 입력된 경우에는 검색 결과가 너무 많아 효율적인 검색이 어려울 수 있는 단점이 있다.

⑤ **연산자 검색 방식** : 하나의 단어로 검색을 하면 검색 결과가 너무 많아져서, 이용자가 원하는 정보와 상관없는 것들이 많이 포함된다. 연산자 검색 방식은 검색과 관련 있는 2개 이상의 단어를 연산자로 조합하여 키워드로 사용하는 방식이다.

37. ④

2020년 10월 9일 : 201009
필리핀 제1공장 : 4A
xs1 2TB : 01003
1584번째 품목 : 01584

38. ④

④ 05002이므로 HS 1TB이다.

39. ③

③ 03001이므로 oz 500GB로 수정해야 한다.

40. ③

2021년 9월 7일 제조 : 210907
한국 제4공장 : 1D
xs2 2TB : 02003
13698번째 품목 : 13698

41. ②

개선 전 총 비용은 $4,000 + 2,000 + 5,500 + 6,000 + 3,500 + 4,000 + 3,000 + 2,000 = 30,000$
개선 후 총 비용은 $3,000 + 1,500 + 4,500 + 5,000 + 2,500 + 3,000 + 2,500 + 1,000 = 23,000$
개선 전과 후를 비교해 보면 7,000원이 감소했으므로

$\dfrac{7,000}{30,000} \times 100 = 23.333 ≒ 23\%$

42. ⑤

세 기관의 담당자가 공통으로 일정이 비어있는 목요일이 적합하다.

43. ④

주어진 조건을 보면 관리과와 재무과에는 반드시 각각 5급이 1명씩 배정되고, 총무과에는 6급 2명이 배정된다. 인원수를 따져보면 홍보과에는 5급을 배정할 수 없기 때문에 6급이 2명 배정된다. 6급 4명 중에 C와 D는 총무과에 배정되므로 홍보과에 배정되는 사람은 E와 F이다. 각 과별로 배정되는 사람을 정리하면 다음과 같다.

관리과	A
홍보과	E, F
재무과	B
총무과	C, D

44. ④

제외 건수가 매일 5건씩 감소하므로 55에서 0이 되는 것은 12일째 되는 날이며 일별 심사비용은 19.2억 원이 된다.

45. ①

전체 70억 원에서 심사비용 19.2억 원을 제외한 나머지를 사건으로 나눈다.
(80억－19.2)/500건＝12,160,000원 ＝ 1,216만원

46. ②

직접 비용 : 재료비, 시설비, 인건비
320,000＋360,000＋300,000＝980,000원
간접 비용 : 사무비품비, 보험료, 공과금
150,000＋280,000＋100,000＝530,000원

47. ②

가장 최적의 루트는 515 버스를 타고 집에서 출발하여 519 출발지에 도착하여 519 버스를 타고 633 출발지에 도착한 다음 633 버스를 타고 712 출발지에 도착하여 회사까지 걸어가면 된다.
515 → 519 출발지까지는 10분
519 → 633 출발지까지는 15분
633 → 712 출발지까지는 20분
712 출발지 → 회사까지 10분
총 시간은 10＋15＋20＋10＝55분
도착시간은 8시 55분이 된다.

48. ③

영업팀은 영어 능통자와 대인관계가 원만한 자를 원하고 있으므로 미국에서 거주한 정과 폭넓은 대인관계를 가진 을이 배치되는 것이 가장 적절하다. 또한 인사팀은 인사 행정을 처리할 프로그램 업무를 원활히 수행할 수 있는 컴퓨터 활용 우수자인 병이 적절하다. 나머지 갑은 바리스타 자격을 보유하여 외향적인 성격을 소유하였다고 판단할 수 있으며, 무는 광고학을 전공하였고 융통성 있는 사고력도 소유한 직원으로 홍보팀에 알맞은 자질을 보유한 것으로 볼 수 있다. 따라서 ③과 같은 인력 배치가 자질과 능력에 따른 적재적소에 인력을 배치한 것이 된다.

49. ③

회사에서 첫 번째로 갈 수 있는 곳은 모두 4개 지역이다.

그런데 C지역으로 가게 되면 같은 지역을 한 번만 지나면서 모든 지역을 거치는 방법이 없게 된다. 따라서 나머지 세 지역으로 갈 경우를 따져 보면 되며, 이것은 다음과 같다.

1. 회사-A지역-B지역-C지역-D지역-E지역-회사
2. 회사-A지역-B지역-C지역-E지역-D지역-회사
3. 회사-D지역-E지역-C지역-B지역-A지역-회사
4. 회사-E지역-D지역-C지역-B지역-A지역-회사

따라서 모두 4가지의 경로가 존재한다.

50. ⑤

위 문제에서 총 4가지의 경로가 있다고 했으나 이동 거리를 살펴보면 첫 번째와 네 번째가 같은 방법이며, 두 번째와 세 번째가 같은 방법이라는 것을 알 수 있다.(상호 역순으로 이루어진 경로이다.) 이 두 가지 경우 중 최단 거리에 대한 연비를 계산하면 다음과 같다.

첫 번째의 경우 총 이동 거리는 $15 + 12 + 12 + 17 + 13 + 13 = 82$km이다.

두 번째의 경우 총 이동 거리는 $15 + 12 + 12 + 8 + 13 + 10 = 70$km이다.

따라서 두 번째 방법으로 이동했을 경우의 연비를 알아보면 된다.

앞의 세 가지 도로는 국도이며 뒤의 세 가지 도로는 고속도로이므로

연료비는 각각 $(15 + 12 + 12) \div 18 \times 1,540 = 3,336$원과 $(8 + 13 + 10) \div 22 \times 1,540 = 2,170$원이 된다.

따라서 총 금액은 $3,336 + 2,169 = 5,506$원이 된다.

51. ②

레버가 모두 올라가 있으므로 오류값들의 평균을 구한다. $(1+5+7+9)/4=5.5$

반올림을 하므로 6이 되어 경고 → 파란버튼을 누른다.

그러나 올라간 레버가 2개 이상이므로 빨간 버튼을 함께 누른다.

52. ①

&와 0이 음영 처리가 되어 있는데 <조건>에 따라 음영이 반전되면 2, 5, 6, #에 음영이 처리된다.

#은 2, 5는 무조건 음영 처리 되지 않는 것으로 판단하므로 오류값은 6, #이 된다. 레버 3개 중 2개만 아래로 내려가 있으면 오류값 중 가장 큰 수를 취하므로 6이 된다. 6이면 경고에 해당하는데 음영 처리된 오류값이 2개 이하이므로 안전이 된다. 그런데 계기판의 두 바늘이 겹쳐 있으므로 한 단계 격상되어 경고가 되고 노란버튼을 눌러야 하지만, 레버가 2개 이상이므로 초록버튼을 눌러야 한다.

53. ②

예시의 그래프를 분석하면 W는 가로축(Width), L은 세로축(Length)의 눈금수이다. X, Y, Z는 그래프 내의 도형 ○, △, □를 지칭하며, 괄호 안의 수는 도형의 가로세로 좌표이다. 좌표 뒤의 B, W는 도형의 색깔로 각각 Black(검정색), White(하얀색)를 의미한다.

주어진 그래프의 가로축 눈금은 4, 세로축 눈금은 3이므로 W4/L3이며, 둥근 도형의 좌표는 X(1, 1) : W, 세모 도형의 좌표는 Y(4, 3) : B, 네모 도형의 좌표는 Z(3, 1) : B이다.

∴ W4/L3

X(1, 1) : W, Y(4, 3) : B, Z(3, 1) : B

54. ②

주어진 그래프의 가로축 눈금은 6, 세로축 눈금은 4이므로 W6/L4이며, 둥근 도형의 좌표는 X(6, 3) : B, 세모 도형의 좌표는 Y(2, 4) : W, 네모 도형의 좌표는 Z(4, 2) : W이다.

∴ W6/L4

X(6, 3) : B, Y(2, 4) : W, Z(4, 2) : W

55. ②

주어진 그래프의 가로축 눈금은 4, 세로축 눈금은 4이므로 W4/L4이며, 둥근 도형의 좌표는 X(1, 1) : W, 세모 도형의 좌표는 Y(4, 2) : W, 네모 도형의 좌표는 Z(2, 4) : W이다.

∴ W4/L4

X(1, 1) : W, Y(4, 2) : W, Z(2, 4) : W

56. ⑤

영어 단어를 한글 모드에서 타이핑히여 입력하는 것도 널리 알려진 단어로 구성된 패스워드를 사용한 경우로 볼 수 있다.

② aaa 또는 123 등이 연속되는 경우는 회피하여야 한다.

③ 의미 없는 단어라도 sdfgh 또는 $%^&* 등은 회피하여야 한다.

④ 네트워크를 통해 패스워드를 전송하는 경우 악성 프로그램이나 해킹 등에 의해 패스워드 노출 가능성이 있으므로 반드시 패스워드를 암호화하거나 암호화된 통신 채널을 이용해야 한다.

57. ②

선택지 ②와 같은 패스워드는 문자, 숫자 등의 혼합사용이나 자릿수 등 쉽게 이해할 수 있는 부분이 없는 경우로 적절한 패스워드로 볼 수 있다.

① 문자 조합에 관계없이 7자리의 패스워드이므로 적절하지 않다.

③ 'university'를 거꾸로 타이핑한 부적절한 패스워드이다.

④ 'house'를 쉽게 알 수 있는 경우이다.

⑤ 'ncs', 'cookie' 등의 특정 명칭으로 구성된 부적절한 패스워드이다.

58. ⑤

① 청소를 할 때는 절대 물을 뿌리지 말아야 한다.

② 제품을 절대로 분해하지 말아야 한다.

③ 세라믹 유리는 부드러운 천을 사용하여 닦아야 한다.

④ 유리 표면의 오염이 제거되지 않을 때는 중성세제를 사용해야 한다.

59. ②

에러 표시 E1은 조작부에 이물 등으로 키가 일정시간 동안 감지되었을 때 표시 되며 에러 표시 E3는 온도센서 단선 시 표시 된다.

60. ④

㉠ 250,000 + 50,000(구매 가격의 10%) = 300,000원

㉡ 200,000 + 25,000(구매 가격의 5%) = 225,000원

㉢ 500,000원(전액 환불)

따라서 300,000 + 225,000 + 500,000 = 1,025,000원

항공영어 / 공무원시

성명(인)

성 년 월 일

1	① ② ③ ④ ⑤	21	① ② ③ ④ ⑤	41	① ② ③ ④ ⑤
2	① ② ③ ④ ⑤	22	① ② ③ ④ ⑤	42	① ② ③ ④ ⑤
3	① ② ③ ④ ⑤	23	① ② ③ ④ ⑤	43	① ② ③ ④ ⑤
4	① ② ③ ④ ⑤	24	① ② ③ ④ ⑤	44	① ② ③ ④ ⑤
5	① ② ③ ④ ⑤	25	① ② ③ ④ ⑤	45	① ② ③ ④ ⑤
6	① ② ③ ④ ⑤	26	① ② ③ ④ ⑤	46	① ② ③ ④ ⑤
7	① ② ③ ④ ⑤	27	① ② ③ ④ ⑤	47	① ② ③ ④ ⑤
8	① ② ③ ④ ⑤	28	① ② ③ ④ ⑤	48	① ② ③ ④ ⑤
9	① ② ③ ④ ⑤	29	① ② ③ ④ ⑤	49	① ② ③ ④ ⑤
10	① ② ③ ④ ⑤	30	① ② ③ ④ ⑤	50	① ② ③ ④ ⑤
11	① ② ③ ④ ⑤	31	① ② ③ ④ ⑤	51	① ② ③ ④ ⑤
12	① ② ③ ④ ⑤	32	① ② ③ ④ ⑤	52	① ② ③ ④ ⑤
13	① ② ③ ④ ⑤	33	① ② ③ ④ ⑤	53	① ② ③ ④ ⑤
14	① ② ③ ④ ⑤	34	① ② ③ ④ ⑤	54	① ② ③ ④ ⑤
15	① ② ③ ④ ⑤	35	① ② ③ ④ ⑤	55	① ② ③ ④ ⑤
16	① ② ③ ④ ⑤	36	① ② ③ ④ ⑤	56	① ② ③ ④ ⑤
17	① ② ③ ④ ⑤	37	① ② ③ ④ ⑤	57	① ② ③ ④ ⑤
18	① ② ③ ④ ⑤	38	① ② ③ ④ ⑤	58	① ② ③ ④ ⑤
19	① ② ③ ④ ⑤	39	① ② ③ ④ ⑤	59	① ② ③ ④ ⑤
20	① ② ③ ④ ⑤	40	① ② ③ ④ ⑤	60	① ② ③ ④ ⑤

| ⓪ ① ② ③ ④ ⑤ ⑥ ⑦ ⑧ ⑨ | ⓪ ① ② ③ ④ ⑤ ⑥ ⑦ ⑧ ⑨ | ⓪ ① ② ③ ④ ⑤ ⑥ ⑦ ⑧ ⑨ | ⓪ ① ② ③ ④ ⑤ ⑥ ⑦ ⑧ ⑨ | ⓪ ① ② ③ ④ ⑤ ⑥ ⑦ ⑧ ⑨ | ⓪ ① ② ③ ④ ⑤ ⑥ ⑦ ⑧ ⑨ | ⓪ ① ② ③ ④ ⑤ ⑥ ⑦ ⑧ ⑨ | ⓪ ① ② ③ ④ ⑤ ⑥ ⑦ ⑧ ⑨ |

절 취 선

선

감독관
확인사항

성명

(자필 성명)

생 년 월 일							
⓪	⓪	⓪	⓪	⓪	⓪	⓪	⓪
①	①	①	①	①	①	①	①
②	②	②	②	②	②	②	②
③	③	③	③	③	③	③	③
④	④	④	④	④	④	④	④
⑤	⑤	⑤	⑤	⑤	⑤	⑤	⑤
⑥	⑥	⑥	⑥	⑥	⑥	⑥	⑥
⑦	⑦	⑦	⑦	⑦	⑦	⑦	⑦
⑧	⑧	⑧	⑧	⑧	⑧	⑧	⑧
⑨	⑨	⑨	⑨	⑨	⑨	⑨	⑨

번호	답					번호	답					번호	답				
1	①	②	③	④	⑤	21	①	②	③	④	⑤	41	①	②	③	④	⑤
2	①	②	③	④	⑤	22	①	②	③	④	⑤	42	①	②	③	④	⑤
3	①	②	③	④	⑤	23	①	②	③	④	⑤	43	①	②	③	④	⑤
4	①	②	③	④	⑤	24	①	②	③	④	⑤	44	①	②	③	④	⑤
5	①	②	③	④	⑤	25	①	②	③	④	⑤	45	①	②	③	④	⑤
6	①	②	③	④	⑤	26	①	②	③	④	⑤	46	①	②	③	④	⑤
7	①	②	③	④	⑤	27	①	②	③	④	⑤	47	①	②	③	④	⑤
8	①	②	③	④	⑤	28	①	②	③	④	⑤	48	①	②	③	④	⑤
9	①	②	③	④	⑤	29	①	②	③	④	⑤	49	①	②	③	④	⑤
10	①	②	③	④	⑤	30	①	②	③	④	⑤	50	①	②	③	④	⑤
11	①	②	③	④	⑤	31	①	②	③	④	⑤	51	①	②	③	④	⑤
12	①	②	③	④	⑤	32	①	②	③	④	⑤	52	①	②	③	④	⑤
13	①	②	③	④	⑤	33	①	②	③	④	⑤	53	①	②	③	④	⑤
14	①	②	③	④	⑤	34	①	②	③	④	⑤	54	①	②	③	④	⑤
15	①	②	③	④	⑤	35	①	②	③	④	⑤	55	①	②	③	④	⑤
16	①	②	③	④	⑤	36	①	②	③	④	⑤	56	①	②	③	④	⑤
17	①	②	③	④	⑤	37	①	②	③	④	⑤	57	①	②	③	④	⑤
18	①	②	③	④	⑤	38	①	②	③	④	⑤	58	①	②	③	④	⑤
19	①	②	③	④	⑤	39	①	②	③	④	⑤	59	①	②	③	④	⑤
20	①	②	③	④	⑤	40	①	②	③	④	⑤	60	①	②	③	④	⑤

경영지도사
2교시

성명

(자 필 성 명)

생 년 월 일

1	① ② ③ ④ ⑤	21	① ② ③ ④ ⑤	41	① ② ③ ④ ⑤
2	① ② ③ ④ ⑤	22	① ② ③ ④ ⑤	42	① ② ③ ④ ⑤
3	① ② ③ ④ ⑤	23	① ② ③ ④ ⑤	43	① ② ③ ④ ⑤
4	① ② ③ ④ ⑤	24	① ② ③ ④ ⑤	44	① ② ③ ④ ⑤
5	① ② ③ ④ ⑤	25	① ② ③ ④ ⑤	45	① ② ③ ④ ⑤
6	① ② ③ ④ ⑤	26	① ② ③ ④ ⑤	46	① ② ③ ④ ⑤
7	① ② ③ ④ ⑤	27	① ② ③ ④ ⑤	47	① ② ③ ④ ⑤
8	① ② ③ ④ ⑤	28	① ② ③ ④ ⑤	48	① ② ③ ④ ⑤
9	① ② ③ ④ ⑤	29	① ② ③ ④ ⑤	49	① ② ③ ④ ⑤
10	① ② ③ ④ ⑤	30	① ② ③ ④ ⑤	50	① ② ③ ④ ⑤
11	① ② ③ ④ ⑤	31	① ② ③ ④ ⑤	51	① ② ③ ④ ⑤
12	① ② ③ ④ ⑤	32	① ② ③ ④ ⑤	52	① ② ③ ④ ⑤
13	① ② ③ ④ ⑤	33	① ② ③ ④ ⑤	53	① ② ③ ④ ⑤
14	① ② ③ ④ ⑤	34	① ② ③ ④ ⑤	54	① ② ③ ④ ⑤
15	① ② ③ ④ ⑤	35	① ② ③ ④ ⑤	55	① ② ③ ④ ⑤
16	① ② ③ ④ ⑤	36	① ② ③ ④ ⑤	56	① ② ③ ④ ⑤
17	① ② ③ ④ ⑤	37	① ② ③ ④ ⑤	57	① ② ③ ④ ⑤
18	① ② ③ ④ ⑤	38	① ② ③ ④ ⑤	58	① ② ③ ④ ⑤
19	① ② ③ ④ ⑤	39	① ② ③ ④ ⑤	59	① ② ③ ④ ⑤
20	① ② ③ ④ ⑤	40	① ② ③ ④ ⑤	60	① ② ③ ④ ⑤

生 年 月 日

⓪	⓪	⓪	⓪	⓪	⓪	⓪	⓪
①	①	①	①	①	①	①	①
②	②	②	②	②	②	②	②
③	③	③	③	③	③	③	③
④	④	④	④	④	④	④	④
⑤	⑤	⑤	⑤	⑤	⑤	⑤	⑤
⑥	⑥	⑥	⑥	⑥	⑥	⑥	⑥
⑦	⑦	⑦	⑦	⑦	⑦	⑦	⑦
⑧	⑧	⑧	⑧	⑧	⑧	⑧	⑧
⑨	⑨	⑨	⑨	⑨	⑨	⑨	⑨

상식
용어사전
시리즈

합격GO!

🌟 1 빈출 일반상식

공기업/공공기관 채용시험 일반상식에서 자주 나오는 빈출문항을 정리하여 수록한 교재! 한 권으로 일반상식 시험 준비 마무리 하자!

🌟 2 중요한 용어만 한눈에 보는 시사용어사전 1152

매일 접하는 각종 기사와 정보 속에서 현대인이 놓치기 쉬운, 그러나 꼭 알아야 할 최신 시사상식을 쏙쏙 뽑아 이해하기 쉽도록 정리했다!

🌟 3 중요한 용어만 한눈에 보는 경제용어사전 1007

주요 경제용어는 거의 다 실었다! 경제가 쉬워지는 책, 경제용어사전!

🌟 4 중요한 용어만 한눈에 보는 부동산용어사전 1300

부동산에 대한 이해를 높이고 부동산의 개발과 활용, 투자 및 부동산 용어 학습에도 적극적으로 이용할 수 있는 부동산용어사전!

기출문제 총집합!

자격증 별로 정리된
기출문제로 깔끔하게 합격하자!

기출문제로 자격증 시험 준비하자!

스포츠지도사, 손해사정사, 손해평가사, 농산물품질관리사, 수산물품질관리사, 관광통역안내사,
국내여행안내사, 보세사, 건축기사, 토목기사